MW01688584

um:ag Vakfı Yayınları: 18
Bütün Yapıtları Dizisi: 16

12 EYLÜL ADALETİ

UĞUR MUMCU

1. Baskı: Kasım 1987, İstanbul
28. Baskı: Şubat 2014, Ankara, 1500 adet

ISBN 978-975-8084-23-4
(Sertifika No: 12412)

Yayın Yönetmeni: Orhan TÜLEYLİOĞLU
Kapak Tasarımı: SOLARİS
Dizgi: **um:ag**
Baskı: DUMAT
Ofset Matbaacılık San. Tic. Ltd. Şti.
TEL: (0312) 278 82 00 Sertifika No:14021

uğur mumcu ARAŞTIRMACI GAZETECİLİK VAKFI

Paris Cad. No. 14, 06540 Kavaklıdere - Ankara
Tel: (0312) 417 77 20 pbx Faks: (0312) 417 57 46
E-posta: umag@umag.org.tr www.umag.org.tr

UĞUR
MUMCU

UĞUR MUMCU ARAŞTIRMACI GAZETECİLİK VAKFI

um:ag

12 EYLÜL ADALETİ

İÇİNDEKİLER

SUNUŞ

Uğur Mumcu, ailesi Ankaralı olmasına karşın, 22 Ağustos 1942'de, babasının görevi nedeniyle bulundukları Kırşehir'de doğdu. Babası Ankara'ya atanınca, Ulus'taki Devrim İlkokulunda başladığı ilköğrenimini Bahçelievler'deki Ulubatlı Hasan İlkokulunda tamamladı, Cumhuriyet Ortaokulu ve Deneme Lisesini bitirdikten sonra (1961), Ankara Hukuk Fakültesine girdi.

Uğur Mumcu öğrencilik yıllarında "bilgi sahibi olmadan fikir sahibi olunamayacağı"nı kavramış, etkin, coşkulu, çok okuyan, araştıran ve sorgulayan bir gençti. Onun öncülüğünde yapılan toplantılara zamanın politikacıları, bilim ve sanat insanları çağrılıyor, "münazara"lardaki başarılarıyla dikkati çekiyordu. Daha 20 yaşındayken "Türk Sosyalizmi" başlıklı yazısıyla Yunus Nadi Makale Yarışmasını kazandı. Hukuk Fakültesini bitirince (1965), kısa bir süre avukatlık yaptı. Sonra dil öğrenmek için İngiltere'ye gitti, dönüşünde Hukuk Fakültesi İdare Hukuku Profesörü Tahsin Bekir Balta'nın asistanı oldu. 12 Martın aydınlara yönelik baskıcı tutumundan o da payına düşeni aldı, askerliğini yapmaya hazırlanırken tutuklandı, sonrasında "Sakıncalı Piyade" sayıldı. Askerlik dönüşü gazetecilikte karar kıldı, üniversiteden ayrıldı. Yön, Kim, Ant, Devrim, Türk Solu, Ortam, Akşam, Milliyet ve Yeni Ortam'dan sonra uzun süre Cumhuriyet'te yazdı. Ölümünden önce 25; ölümünden sonra yazılarının toplandığı 40'ı aşkın kitabı yayımlandı.

Atatürkçü, laik, cumhuriyetçi, demokrat bir Türkiye'nin yılmaz savunucusu; devrimci, hep emekten yana olan, hep araştıran ve sorgulayan gazeteci Uğur Mumcu, 24 Ocak 1993 Pazar günü otomobiline konan bir bomba ile inandığı değerler uğruna öldürüldü.

Eşi Güldal Mumcu, çocukları Özgür ile Özge; Uğur Mumcu'nun, ilkelerinden ödün vermeyen kişiliğini gelecek kuşaklara aktarmak; kütüphanesini, arşivini ve tüm yazılarını düzenli olarak araştırmacıların kullanımına sunmak, gazeteciliğe hevesli gençleri, araştırmacılık alışkanlığıyla mesleğe kazandırmak gibi amaçlarla Ekim 1994'te **Uğur Mumcu Araştırmacı Gazetecilik Vakfı**'nı kurdular. Vakıf, Aralık 1995'te amacı doğrultusunda etkinliklerini yaşama geçirmeye başladı. Şimdi genç gazetecileri araştırmacılığa yöneltmek, insanların düşündüklerini yazıya doğru aktarmalarını sağlamak için yazma seminerleri düzenliyor, türlü toplantıların yanı sıra kitaplar yayımlıyor.

Eğitimden hukuka, her şeyin tümüyle değiştiği düşünülürse, Türkiye için12 Eylül, unutulmaması ve unutturulmaması gereken bir tarihtir. Neler yaşandığını, izlerinin hâlâ silinmediğini, özellikle dönemin hukuk anlayışını, bu yapıtı okuyunca daha iyi anlıyoruz. Bu nedenle Mumcu'nun öteki yapıtları gibi bu da önemini uzun yıllar koruyacak.

12 Eylül Adaleti'nin şu anda elinizde bulunması, yanılmadığımızı gösteriyor. Birlikte, onun düşüncelerini kitaplarıyla geleceğe aktaracağız. Bu, ayrıca, ülkemizi aydınlık yarınlara taşımak amacıyla kurulan **Uğur Mumcu Vakfı'**na yapılmış önemli bir katkıdır. Sağ olun.

Önemli bir görevin gereği olan bu kitapların yeniden yayımlanmasında emeğini esirgemeyen, Abdullah Nefes, Fatih Alpertan, Öcal Beningtan, Savaş Sönmez, Hakkı Erdem, Canan Duran, Çiler Keleş, Sezer Yücel, Neriman Küpçü, Şebnem Kocabıyık, Serkan Salihoğlu, Zeynur Türkmen Sunda Işık'a, Kubilay Gönen ile arkadaşlarına, Dumat Matbaası çalışanlarına, kapak düzenlemelerini büyük bir ustalık ve özenle yeniden yapan Emrah Yücel ve Murat Kaya'ya içtenlikle teşekkür ediyoruz. Sağ olsunlar...

Çağlar boyunca daha iyi, daha güzel, daha aydınlık bir dünya isteyen insanlar, düşünceleri uğruna çok eziyet çektiler, öldürülmeyi göze aldılar, öldürüldüler. Bu yolda gözünü kırpmadan yaşamını feda edebilecek insanlar yitirilmeden, ışıl ışıl ve güzel bir dünyanın, ancak sizin gibi aydınların emeği ve çabası ile oluşacağına inanıyoruz.

Bu çabanın başarıya ulaşabilmesinin ilk koşulu, suskun kalmamak!

Düşünenlerin öldürülmemesi, öldürülenlerin hiç unutulmaması dileğiyle...

um:ag

ÖNSÖZ

İstanbul Barosu Başkanı Orhan Apaydın, 27 Mayıs 1960; 12 Mart 1971 ve 12 Eylül 1980 dönemlerinde avukat olarak görev yaptı. 12 Eylül döneminde DİSK davasının avukatlığını yaparken Barış Derneği soruşturması nedeniyle tutuklandı; uzun süre askeri ve sivil cezaevlerinde kaldı.

Orhan Apaydın, cezaevindeyken ölümcül bir hastalığın pençesine düşmüştü. Ağabeyi Burhan Apaydın, bir gün bana telefon ederek, Orhan Apaydın'ın sağlık durumu hakkında bilgi verdi ve benden, durumun Genelkurmay Başkanı Necdet Ürüğ'a aktarılmasını rica etti.

Orgeneral Ürüğ'a başvurarak, Apaydın'ın hastalığı hakkında bilgi verdim. Ürüğ, İstanbul Sıkıyönetim Komutanı Orgeneral Necdet Öztorun'u arayarak, Apaydın'ın hastaneye kaldırılmasını ve tutukluluk süresini hastanede geçirmesini isteyeceğini bildirdi.

Ürüğ ile görüşmemizi, Avukat Burhan Apaydın'a anlattım. Burhan Apaydın, hemen o gün Sağmalcılar Cezaevi'ne giderek, kardeşi Orhan Apaydın'dan "hastaneye kaldırılması" için sıkıyönetim komutanına başvurmasını istedi. Avukat Orhan Apaydın, ağabeyi Burhan Apaydın'a teşekkür ettikten sonra şunları söyledi:

"Hayır başvurmam. Değil mi ki, beni, ellerimi arkadan kelepçeleyerek hastaneye götürecekler... Hayır gitmiyorum. Burada ölmeyi tercih ederim."

Orhan Apaydın bu başvuruyu yapmadı. Bir süre sonra salıverildiğinde artık ecel ile yarışı yitirmek üzereydi. Pasaport da verilmediğinden Orhan Apaydın'ın yurt dışında bakım görmesi olanağı da yoktu. Bu hukuk adamına, bütün hukuk yolları tek tek kapatılmıştı.

Aynı günlerde "liberal" olduğunu ileri süren ANAP, Avukatlık Yasası'nı değiştirerek, Orhan Apaydın'ın avukatlık yapmasını yasaklıyordu. Ağabeyi Burhan Apaydın, kardeşi ecel ile boğuşurken Başbakan Özal'a başvurmuş ve Özal'dan Orhan Apaydın'a pasaport sağlanmasını istemişti. Apaydın'a pasaport verilmesi için Özal yasa gücünde kararname çıkardı. Apaydın'ın pasaportu hazırlanmıştı.

Ama artık çok geçti! Apaydın, pasaportun hazırlabdığı saatlerde son yolculuğuna çıkmıştı.

Ankara Sıkıyönetim Askeri Savcısı Nurettin Soyer'in anlatımları, olağanüstü dönemin adalet anlayışını sergiliyor. Bu olayların arkasında binlerce kişinin acıları ve gözyaşları gizlidir.

Bu kitabı, her üç askeri dönemde avukat cübbesi ile bir hukuk savaşı veren büyük hukukçu, özgürlük, demokrasi ve barış savaşçısı Avukat Orhan Apaydın'ın unutulmaz anısına adıyorum.

Uğur MUMCU

HUKUK MU, KOMUTAN MI !?

Org. ERGUN, MHP SORUŞTURMASI İÇİN YAZILI EMİR GÖNDERMEDİ

"Recep Ergun 26 Ağustos 1980 günü göreve başlamıştı. 18 gün sonra da 12 Eylül oldu. 12 Eylül sabahı odama geldim. Kendisine '*Bütün savcıları evlerinden çağırttığımı, hepsinin görevlerinin başlarında olduğunu*' söyledim.

Heyecanlı bir gündü. '*Teşekkür ederim*' dedi. Ve hemen ekledi: '*MHP'de silahlar bulunmuş, oraya savcı gönderin.*'

'*Hay hay*' dedim, '*Oraya hemen savcı gönderirim. Ancak*' dedim; '*Madem savcılar olarak siyasi partilerin merkezlerini aramaya gidiyoruz, diğer siyasi partilerin durumları ne merkezde?*'

Bana '*Onun için bana bir şey söylemediler*' dedi.

'*Siz Ankara Sıkıyönetim Komutanı'sınız. Ben de savcınızım. Eğer böyle bir arama yaparsanız, bütün partilerde yapmanız gerekir. 3 gün sonra, 10 gün sonra bize bu konuda (yanlış yaptınız) diyebilirler. (Taraflı hareket ettiniz) diyebilirler.*'

'*Çok haklısın*' dedi. '*O zaman bütün savcıları siyasal parti merkezlerine dağıtın.*'

Sıkıyönetimde 16 askeri savcı görevliydi. Savcıları ikişer ikişer AP'ye, CHP'ye, MSP'ye gönderdik. Türkiye İşçi Köylü Partisi sanırım daha önce aranmış mıydı, şimdi onu hatırlamıyorum."

Nurettin Soyer, bütün bunları niçin anlatıyordu?

30 Ağustos'ta kadrosuzluk nedeniyle Hava Kuvvetleri'nden emekliye ayrılmıştı. Sıkıyönetim anılarını yazmayı düşünüyordu. Ancak henüz anılarını derlemeye zaman bulamamıştı. Bir önemli dönemde görev yapmıştı. 1933 yılında Afyon'da doğan Soyer, Ankara Hukuk Fakültesi'ni 1957 yılında bitirmişti. Bir memur çocuğuydu, ilk ve orta öğrenimini, babasının görev yerleri olan Samsun'da, Zonguldak'ta ve Kütahya'da tamamlamıştı.

27 Mayıs İhtilali'nde Kütahya'da görev yapmıştı. Askeri Vali Albay Muhsin Batur, sonradan Hava Kuvvetleri Komutanı ol-

muştu. 12 Mart 1971 döneminde İzmir'de sıkıyönetim savcısı olarak görev yapmış, Nurcular ile ilgili bir davada mahkemeyi reddetmişti. Bu, askeri yargı tarihinde ilk oluyordu. Nurcular ile ilgili davada Savcı Soyer, "tarafsız davranmadığı" için yargıcı reddetmişti.

Savcı Soyer'in "tarafsız davranmadığı" için reddini istediği Askeri Yargıç, Kaya Alpkartal'dı. Yıllar sonra Kaya Alpkartal, Soyer'in karşısına MHP Genel Başkanı Türkeş'in avukatı olarak çıkmıştı. 12 Mart döneminde İzmir'de Koramiral Cemal Süer Sıkıyönetim Komutanı'ydı. Süer ile hiçbir sorunu olmamıştı. 12 Eylül'den önce Ankara Sıkıyönetimi'nde yargıç ve savcı olarak görev yapmıştı. Korgeneral Nihat Özer ile en küçük bir sorunu olmamıştı.

Soyer, "Nihat Özer, gerçekten hem çok iyi bir insan hem de çok saygılı bir sıkıyönetim komutanıydı" diye saygıyla anıyor eski sıkıyönetim komutanını.

Ya Recep Ergun?..

"Recep Ergun ile aranızda sorun oldu mu?"

Acı acı gülüyor;

"Sorun olmadığı gün olmadı ki!.."

Evet, Soyer bu açıklamaları ilerde yazacağı anılara bırakmıyordu da niçin bugün yapıyordu?

Neden çok açıktı. Orgeneral Recep Ergun, Milliyet gazetesinde Yener Süsoy ile önceki pazar günü yaptığı konuşmada yargıç ve savcılara baskı yaptığı yolundaki savların "yalan" ol-duğunu söylemiş ve "Komutanlık yaptığım üç sene içinde ne-redeyse hakimlerle küs gibi yaşadım" demişti. Askeri Savcı Nu-rettin Soyer'i bu açıklamaları yapmaya zorlayan neden, Ergu-n'un bu sözleriydi.

"Şimdi olayları tek tek anlatacağım. Siz ve Cumhuriyet okurları savcı ve yargıçlara baskı yapıldı mı, yapılmadı mı, bunu sizlerin yorumlarına bırakacağım."

Ve başlıyor anlatmaya...

"**SOYER-** Parti merkezlerine savcı arkadaşları gönderdik. Savcılara, '*Bana ihtiyacınız olursa bildirin*' dedim.

Siz o gece MHP'ye gittiniz mi?

SOYER- Gittim. MHP'de silah bulunduğunu duyunca ben de savcılar ile MHP'ye gittim. Orada baktım ki, bir komando yüzbaşısı arama yapıyor. Askerler kağıtları yere atıyorlar. '*Aman durun*' dedim. '*Elinizi sürmeyin, bu kağıtlar kıymetli olabilir. Aman bir şey yapmayın.*'

Bahçede on beş kadar genç çocuk vardı. '*Bunlar kim*' dedim. '*Vallahi bilmiyoruz, içeride yakaladık*' dediler. Hemen emniyet müdürünü aradım. Bir ekip istedim. '*Bunları alın, kimlik tespiti yapın. Ona göre işlem yaparsınız*' dedim. Çocukları emniyetten gelen ekibe teslim ettim.

Sonra '*Aman silahlara el sürmeyin*' dedim. Dört beş silah bulunmuştu.

Kasa ve masaların aranması gerekiyordu. Emniyetten gelen ekibe '*MHP Yönetim Kurulu'ndan birini bulun, aramaya devam edin*' dedim. Bahçelievler'deki genel merkez binasının her yanı dolu. Gençlik kolları da bu binada çalışıyor. Altta mahzen gibi bir yer var...

Bu aşamada Recep Ergun'un bir müdahalesi oldu mu?

SOYER- Hayır, olmadı. O gün olmadı... İlk gün müdahalesi olmadı. Çok enteresandır. O gün MHP'de bulunan gençlik kolları başkan yardımcısı -şimdi adını hatırlamıyorum- ki hala kaçaktır. Genel Başkan Yardımcısı Mahmut Güçlü... Ben bunların adlarını o gün bilemiyordum. Daha sonra bu adlar çete başları olarak ortaya çıktı. Polis de -maalesef- o gün bunları bıraktı. Bunları nasıl bıraktı? Ben bunları çözemedim. Bunlar hâlâ kaçak.

Kim serbest bıraktı peki bunları?

SOYER- Hasan Eryılmaz... Siyasi polis müdürü...

Eryılmaz tek başına mı bıraktı bunları?

SOYER - Bana sordu. '*Albayım, bunların bir ilişkileri yok. Bırakalım mı?..*' '*O zaman salacaksınız*', dedim

Peki, MHP hakkında Sıkıyönetim Komutanı Ergun, yazılı olarak soruşturma emri vermiş miydi?

SOYER- Bizim Usul Kanunu'muza göre, şifahi emir verildiği zaman soruşturmaya başlanırdı. Şifahi emirle o gün soruşturmaya başladık. Eylül'ün 13'üydü. Bu işle görevli savcı yardımcısı arkadaşlar şu öneride bulundular:

'*Biz bu soruşturmaya devam ediyoruz. Ancak şifahi emir ile bu iş yürüyor. Bu parti merkezi... Üç sene, beş sene sonra (siz hangi emre dayanarak bu işe başladınız) diye sorarlar. Lütfen Komutan'dan bir yazılı emir alın, biz de rahat çalışalım.*'

Savcı yardımcısı arkadaşlara yerden göğe kadar hak verdim. Usul Kanunu elverişli olmasına rağmen, endişelerini gidermek amacıyla '*Usul Kanunu açık...*' dedim. '*Ağabey yarın (Biz böyle emir vermedik) derlerse ne yaparız? Bu olacak iş değil... Komutan bu... İnanmak, güvenmek zorundayız.*'

Doğrusu bu ihtimal aklımın ucuna bile gelmemişti, açıkçası... '*Peki*' dedim. Ayın 14'ünde Komutan Recep Ergun'a MHP hakkında yazılı soruşturma emri vermesi için yazı yazdık... '*Şifahi emirlerinizle başlatılan soruşturmada gözetim altına alınması gerekli kişiler bulunmaktadır. Bu bakımdan yazılı emir ile soruşturmanın sağlanmasını arz ederim...*'

Cevap?... Cevap yok!.."

Nurettin Soyer anlatırken, araya girip soruyorum:

"Peki, komutan nasıl yazılı emir vermez? Neyi bekliyor? Neden çekiniyor?

SOYER- Bilmiyorum. Cevap yok... Adli Müşavire sordum. '*Bu iş Konsey'e sorulacak*' dedi. Bir hafta sonra ikinci yazıyı yazdım. Ben, Recep Ergun'a ikinci kez, üçüncü kez yazılar yazdım. Adli müşavir '*Bu işi Konsey yaptı, kararı da Konsey verecek*' dedi. Komutan bana bu yüzden cevap vermiyor.

'*Niye vermiyor? Tabancaları gördü. Silahları gördü. Belgeler hakkında, geldi bizlerden bilgi aldı. Neden cevap vermiyor bu soruşturma emrine*' dedim."

Yeniden araya girip soruyorum:

"Peki MSP hakkında da soruşturma emri yok muydu?

SOYER- Yoktu... MSP'de silah yoktu. Ama Konya mitingine ait belgeler vardı. Belgeler ele geçmişti. Bu belgeler mitingin MSP tarafından düzenlendiğini kanıtlıyordu. Ayrıca para zarfları vardı. Onlar hakkında da yazılı emir vermedi."

MSP ve MHP soruşturmaları için savcılığa "yazılı soruşturma emri" vermeyen, vermemekte direnen sıkıyönetim komutanı acaba sol örgütler ile ilgili emirleri "yazılı" mı veriyordu, yoksa "sözlü" mü? Soyer'e bu soruyu soruyorum.

"SOYER- Sol örgütler hakkında her gün yazılı emir veriyordu. Biz 'sol, sağ örgüt' demeden işimize devam ediyoruz. Ama komutan sağ örgütler hakkında soruşturma yapmamızı pek benimsememişti. Bütün savcılık bilir bunları."

MHP ve MSP haklarındaki soruşturma emri nasıl verilmişti? Soyer'in anlatımlarından çıkan sonuç, Komutan Ergun'un bu konudaki emri Konsey'den beklediğiydi.

Soyer anlatırken düşünüyordum. Ergun, sıradan bir sıkıyönetim komutanı değildi. Değildi çünkü, bu göreve gelmezden önce Milli İstihbarat Teşkilatı'nda Müsteşar Yardımcısı olarak çalışmıştı. Bu yüzden, silahlı sağ ve sol örgütler konusunda bizlerin bilemeyeceği bilgilere de sahipti. Üstelik MHP'nin aranması sırasında Türkeş'in kasasından çıkan belgeleri de görmüştü.

İnsan başkentte gazetecilik yaparsa birçok olaya tanık olur. Ya olaylar size anlatılır ya da bu olayları gözlerinizle görür, kulaklarınızla duyarsınız.

Recep Ergun ile ilgili şu olayı eski başbakanlardan Ecevit'ten dinlemiştim.

12 Eylül'ün en acımasız günlerindeydi. Ecevit'in evinde televizyon haberlerini izliyorduk. Ekranda Evren göründü. Devlet Başkanı'nın konuşmasını Ecevit ile birlikte -zaman zaman yorumlar yaparak- izledik. Konuşma bitince Ecevit o gün evinde bana şu olayı anlatmıştı:

Başbakanlığı sırasında bir askeri uçak ile İstanbul'a gidişlerinde, o zaman Genelkurmay Başkanı olan Evren, Başbakan Ecevit'e Recep Ergun'dan söz eder. "*Size ayak uyduramaz*" der. Görevinden alınmasını ister. Ecevit "*Ben Silahlı Kuvvetler'in iç işlerine hiç karışmadım. Bunu ilke edindim*" yanıtını verir ve Ergun'u görevden almaz.

Aynı uçakta bulunan İçişleri Bakanı Hasan Fehmi Güneş'ten de aynı olayı dinlemiş, bu konuşmaları bir yere not etmiştim.

Ecevit bir başka gün yine evinde Devlet Başkanı Evren'in "kontrgerilla" konusundaki konuşmasını acı acı izlemiş ve bana "*Kontrgerilla konusunda bizlere hak veren ve ordu kayıtlarında görülmeyen kontrgerilla silahlarının kayda geçirilerek dökümünün yapıldığını bildiren de Sayın Evren'dir. Bu konuda Erzurum'daki kolordu komutanının verdiği yemekteki açıklamaları üzerine Genelkurmay Başkanı Evren'den bir brifing düzenlenmesini de istemiştim. Evren, Milli Savunma Bakanı Hasan Esat Işık'ın da katıldığı bir brifing düzenledi. Evren'den silahların dökümünün yapıl-*

masını ve ordu demirbaş defterlerine kaydolmasını istedim" demişti.

MİT'te görev yapmış bir sıkıyönetim komutanının elindeki bilgiler, MHP konusundaki soruşturma emrinin Konsey'den gelmesi gerektiğini düşündürüyordu. Yoksa, partilerin kapatıldığı bir askeri rejimde Ankara Sıkıyönetim Komutanı soruşturma emri vermekten niçin çekinsindi?

EVREN: "YENİ YASAYI BİR GÜNDE ÇIKARIRIZ."

12 Eylül günü MHP Genel Merkezi'nde arama başlatılmıştı. Ankara Sıkıyönetim Savcısı Hakim Albay Nurettin Soyer, soruşturma ve aramayı şifahi emirle yürütüyordu. Soyer, Ankara Sıkıyönetim Komutanı Org. Recep Ergun'a, "yazılı emir" vermesi için üç kez yazı ile başvurmuş, ancak bir yanıt alamamıştı.

Bu yazılarınıza rağmen bir yanıt gelmedi. Sonra ne oldu?

"SOYER- Adli müşavir telefon etti. '*Konu Konsey'in gündemine alındı, şu saatte sizleri bekliyorlar. Sen de komutan ile beraber gideceksin.*'

Konsey'e Ergun ile beraber gittik. Ben bir bavula şöyle özet belgeleri koydum. Aldım götürdüm. Konsey'de Evren Paşa, öteki Konsey üyeleri, Başbakan, Devlet Bakanı İlhan Öztrak, İkinci Başkan Necdet Öztorun, Genel Sekreter Haydar Saltık varlar. Kenan Paşa, '*Gündemi açıyorum*' dedi. '*Ankara Sıkıyönetim Komutanı, MHP ve MSP davaları hakkında bilgi verecek.*' Ergun, Everen Paşa'ya, '*Bu bilgileri savcı verecek*' dedi. Komutan Ergun, bana böylece pas vermiş oldu. Ben de anlatmaya başladım: '*O gün başladık aramaya... MHP'de işte bu şekilde silahlar, bu şekilde belgeler var*' dedim. Dokümanları masanın üzerine koydum. Elimize gelen belgeler ilginçti: Asker kişilerin atanmaları ile ilgili belgeler... Bunun dışında katliamın nasıl yapıldığına dair Gençlik Kolları Genel Başkanı'nın Türkeş'e yazdığı rapor. Bu raporda işte... '*Şu gün bizden üç kişi öldürüldü. Biz buna karşılık üç kişiyle iki kişiyi öldürdük. Ondan sonra onların bize cevap vermesi üzerine, biz tekrar onlardan şu kahvede dört kişiyi öldürdük...'* Bunlar mahkemede tartışıldı, hepsinin belgesi var bende. Bu belge aklımda kalmış. Türkeş'in kasasından çıktığı için... Bu belgeleri Konsey'e okudum ve gösterdim. O gün bu belge çok dikkati çekti.

Evren Paşa, daha sonra *'Oylamaya koyuyorum'* dedi, oylandı. Konsey üyeleri, *'Soruşturma yapılsın'* diye oy kullandılar. Ben atıldım. *'Efendim'* dedim, *'siz soruşturma yapılın diyorsunuz, ama benim tutanağım yok... Bana yazılı soruşturma emri verilmedi.'*

'Verilecekti yazılı soruşturma emri' dedi Evren Paşa. Evren Paşa'dan izin alarak devam ettim:

'Bu oylama, yasadaki (soruşturma emri)nin yerine geçmez. Bu bir (izin)dir. Yasalara göre siyasal partiler hakkındaki soruşturmalar savcılıkça yapılır. Görevli mahkeme Anayasa Mahkemesi'dir. Oylamanın bir yasal dayanağı yok.'

'Eee, ne yapacağız?' dedi Evren Paşa...

'Kanun çıkarırsanız olur' dedim. *'Peki kanun çıkacak'* dedi. Bunun üzerine *'İlgili şahısları sorgulamam gerekir her şeyden evvel.'* (dedim). *'Tamam'* dedi, *'Onları da getireceğiz.'* 9 Ekim'de mi 10 Ekim'de mi, getireceğiz dediler.

"Bana sivil savcı verin, aramalar savcı denetiminde olsun. Askeri tim dışında ayrıca bir polis timi de verirseniz MHP'deki aramaları ve soruşturmaları hızlandırırım..."

'Nereden bulacağız sana sivil savcı' diye sordular.

'Şu anda yasal dayanak yok bunun için... Yasa çıkaracaksınız' dedim. *'Tamam'* dediler. *'Bir gün içinde yaparız.'*

Kanun çıkardılar. Bana hemen 20-25 sivil savcı verdiler. Ben o savcılara görev verdim; altı askeri savcıyı da MHP soruşturması ile görevlendirdim. Ve böylece 3 Ekim gününe kadar soruşturma yapacak hale geldik.

MHP sanıkları, 3 Ekim'e kadar bir gün gözetimde kalmadan doğrudan savcılığa getirildiler. Ve ben sanıkları doğrudan mahkemeye çıkardım. Halbuki DİSK davasında İstanbul'da böyle olmadı. Üç ay sanıkları gözetimde tuttular.

Hukuk adına üzüntü verici bir olaydır bu... Üç ay gözetimin uzaması için bir de yasa çıkardılar. Bu da işin acı tarafı... Bir gün bıraktırmadım gözetimde. Bir gün bıraktırmamak için gece on ikiye kadar çalıştık mahkeme huzuruna çıkartmak için... Mahkeme ne derse o olur. Nitekim mahkeme MSP'yi serbest bıraktı. *'Ben itiraz ediyorum'* dedim komutana. *'Kaçmamaları için önlem alın.'* Ergun *'Beni ilgilendirmez'* dedi. Buna rağmen komutanın, evlerinin çevresini sivil polislerle çevirttiğini sonradan duydum.

Ben itirazımı yaptım mahkemeye. Mahkeme tekrar tutukladı MSP'lileri...

Ama sonradan Yargıtay kararı ile aklandı bütün MSP'liler...

SOYER- O bizim dışımızda bir olay. Bana göre Konya mitingi korkunç bir olaydır. Yargılama sonunda Yargıtay beraat kararı vermiştir. Ben hukukçuyum, mahkeme kararıdır. Bir şey diyemiyeceğim."

Sözü bu 30 ağustosta emekliye ayrılan Orgeneral Recep Ergun'un Milliyet gazetesinde çıkan açıklamalarına getiriyorum.

"- Nasıl yorumluyorsunuz Ergun'un sözlerini?

SOYER- Recep Ergun, Milliyet'teki konuşmasında hukuka saygısından söz ediyor. Efendime söyleyeyim, sağ ve sol ayrımı yapmadığından söz ediyor! Bir de Sıkıyönetim Komutanlığı sırasında savcı ve hakimlere hiç karışmadığından söz ediyor ve hakimlere küs yaşadığını söylüyor.

Ben bu konulara ileride yayımlayacağım anılarda belgeleri ile tek tek yer vermeyi düşünüyordum; ama Recep Ergun'un bu şekilde, tam bir seçime giderken bunu bir seçim yatırımı olarak hem de bizleri alet ederek konuşmuş olmasından sıkıntı duydum. Anılarımda anlatacağım olayların bir kısmını bu nedenle bugünden açıklamayı zorunlu gördüm. Olayları ve Recep Ergun'un bu olaylar karşısındaki tavırlarını anlatırken, kendim için büyük rahatlık duyuyorum. Size anlatacaklarımdan, Recep Ergun'un hukuka ne kadar saygılı olduğunu, ne kadar sağ sol ayrımı yaptığını sizin gibi Cumhuriyet gazetesini okuyan okumayan herkes kolaylıkla anlasın..."

Ankara Sıkıyönetim Komutanı Recep Ergun ile Askeri Savcı Hakim Albay Nurettin Soyer arasında soruşturmalar nedeniyle sürtüşmeler ve çatışmalar olmuştu. Aralarında hiç dostluk ve görev nedeniyle de olsa bir dayanışma, işbirliği olmamış mıydı?

Olmuştu. Hem de Recep Ergun'a, Soyer'e "Sana bir can borcum var" dedirtecek ve Soyer'i de "Öyleyse bu canı size bağışladım" diye konuşturacak kadar... Neydi bu "can borcu" olayı?

"... Recep Ergun'un 28 Mayıs 1980 günü göreve başlamasından sonra önemli bir hukuksal sorun nedeniyle kendisi ile bir araya gelmiştik...

1 Eylül günü, çalışma saati bitmek üzereyken savcıların görev başında kalmaları için kurmay başkanından bir emir gelmişti. Sorduğumuzda, komutanın emri olduğu, toplum polisi direnişte, komutan olay yerinde, bu nedenle olduğu söylendi.

Yarım saat bekledim. Sonra Kurmay başkanını aradım. "*Var mı bir olay*" diye sordum. Kurmay başkanı endişeliydi. "*Vallahi iş bayağı önem kazandı*" dedi. "*Toplum polisinin etrafi tanklarla çevrilmiş. Ben de telefon ile bana aktarılanı biliyorum sadece.*"

Atladım arabaya ve olay yerine gittim. Komutana yardımcı olmak gerektiği inancındaydım.

Yolda tanklar vardı. Yollar kesilmişti. Toplum polisinin bulunduğu kışlanın önüne geldiğim zaman sayıları bine yakın polis bahçenin içinde oturuyorlardı. Karşı tarafta da başlarında Recep Ergun'un bulunduğu subaylar, Vali, İçişleri Bakanı... İşte generaller, birlik komutanları... Etrafında da taretler (aynı hedefe yönelen birden fazla namlulu silah) vardı.

Komutan Ergun mikrofonu eline aldı. Ben de tam o sırada arabadan indim. Ben gelmeden önce polis ile komutan arasında gergin olaylar yaşandığı belli oluyordu. Polisler oturma vaziyetindeydiler.

Ergun, elindeki mikrofon ile şu anonsu yaptı: "*Üç dakika mühlet veriyorum. Üç dakika içinde kalkmadığınız ve kalkıp içeriye girmediğiniz takdirde ateş emri verdireceğim.*"

Ben şaşırdım. Ateş edilecek ortam yoktu. 1000 kişiye ateş etmek korkunç bir olay! Katliam olur bu...

Döndü; arkasındaki Zırhlı Birlikler Komutanı Doğan Güreş'e '*Hedeflere hazırlık yapın*' emrini verdi. Baktım o da, '*Ateş için hazırlanın*' diye bağırdı. Sıkıyönetim Komutanı emir veriyor. Heyecanlı... Zırhlı Birlikler Komutanı... O da heyecanlı. Emir veriliyor, emir alınıyor, olay vahim bir durum alıyordu.

Hemen Recep Ergun'un yanına koştum. '*Komutanım*' dedim, '*Ben gidip polislerle konuşayım. Durum çok tehlikeli.*' Bunun üzerine, '*Peki buyur git konuş*' dedi. Her zaman 'buyur' sözcüğünü kullanırdı.

Ben hemen caddeyi geçip polislerle konuşmaya gittim. '*Ben*' dedim '*Ankara Sıkıyönetim Savcısıyım.*' Bir iki kişi, '*Tanıyoruz sizi*' dediler. Konuşmaya başladım. Dedim ki: '*... Yaptığınız hukuk ile bağdaşmayan bir iş. Askerlikle bağdaşmayan bir iş. Komutan ateş emri verdi. Bu olay çok kötü sonuçlar verir.*'

'*Olsun efendim*' dediler, '*Olsun... Biz zaten yaşamıyoruz ki...*' Arka taraftan bağrışmalar duyuldu: '*Ölelim de bitsin bu iş!*'

Baktım adamlar bu gerilime girmişler. '*Peki ne istiyorsunuz*' diye sordum. '*İçişleri Bakanı gelsin, kaldığımız ahırları görsün!..*'

Bazılarının kucaklarında makineli tüfekler de var. Asker ateşe başlarsa, polisler de ateş edecekler... '*Buraya İçişleri Bakanı giremez. Sıkıyönetim komutanı girer, Sıkıyönetim Savcısı girer. Buraya Sıkıyönetim Komutanını getireceğim. Tamam mı*' dedim. Oradan üç beş kişi '*tamam efendim*' dediler. Hemen ben de geri döndüm, komutana '*Eefendim, tamam*' dedim, '*İkimiz de beraber içeriye gireceğiz.*'

Ergun'un yanından -şimdi kim olduklarını hatırlamıyorum- birileri, "*Olmaz efendim, öyle şey*" dediler. Bunları söyleyenler subay mıydı, sivil miydi, MİT görevlileri miydi; hatırlamıyorum. '*Olmaz efendim, oraya girilmez*' diye ısrar ediyorlardı. '*Ben de geliyorum sizinle*' dedim.

Recep Ergun, polislerin yanına geldiğinde hemen hepsi ayağa kalktı. '*Paşam sen çok yaşa*' diye alkışlamaya başladılar. Sorun kendiliğinden çözülmüştü. Ergun bana dönerek '*Ne yapacağız şimdi*' diye sordu. '*Polisler hemen arabalara bindirilsin. Herkes evlerine gönderilsin*' dedim. '*Akşam oldu, ne yapacağız*' diye yeniden sordu Komutan Ergun... '*Yarın sabah evlerinden gelirler. Elebaşılarını polis şefleri tespit eder, mahkemeye çıkarırız*' dedim. Nitekim olaya karışan 300 kişiden 40-50 kişi sonradan tutuklandı. Bunlar ceza da aldılar. Olay seyrine girdi.

Recep Paşa ile ilk karşılaşmamız bu... Korkunç bir olayda yan yana geldik. Bir yardımlaşma oldu. O beni tanıdı. İlişkilerimiz böyle, iyi bir şekilde başladı. Çok müşkül bir durum bu. Vali, İçişleri Bakanı Orhan Eren, o gün teşekkür ettiler bana...

Bu bizim normal görevimizdi. Madem ki ben komutanlığın da savcısıydım, hukukla ilgili görev yapacaktım. İşte anlattığım gibi ilişkilerimiz çok iyi başladı..."

Sürtüşme nereden kaynaklanmıştı? Niçin Komutan Ergun ile Savcı Soyer kısa sürede birbirlerine ters düşmüşlerdi?

"Ben MHP soruşturmasına hız verdiğim zaman komutan, ikide birde '*Arkadaş sen sağcılar ile ilgili işlerde iş yaratıyorsun. Solcular bu ülkede fink atmaya başladılar*' diyordu. Bu sözler, benim çok ağırıma gitti. Çünkü, o sıralarda bir sürü sol örgüt ile ilgili iddianameler de hazırlıyorduk..."

TÜRKEŞ'İN DENİZ KUVVETLERİ PLANI

Alpaslan Türkeş'in, MHP Genel Merkezindeki odasında ele geçen askeri savcı ve yargıç listelerindeki değerlendirmeler:

Artı işaretli askeri yargıçlar:

Hakim Yüzbaşı Osman Şimşek, Hakim Binbaşı İlhami Uğur Yılmaz, Hava Hakim Yüzbaşı Necmettin Özkan, Hakim Binbaşı Yılmaz Özcan, Hakim Albay Hüseyin Garip, Hakim Binbaşı Muhteşem Savaşan, Hakim Albay Necati Karakış, Hakim Albay Durmuş Aksen, Hakim Yüzbaşı Münip Emre, Hakim Yüzbaşı Fikret Cengiz, Hakim Binbaşı A. Tektaş Bayazıt, Hakim Yüzbaşı Enver Karakuş, Deniz Hakim Binbaşı Muammer Özsüt, Hakim Binbaşı Taner Candemir, Hakim Binbaşı Demir Akarsu, Hakim Yüzbaşı F. Sezer Başaran, Hakim Albay Mehmet Aydın, Hava Hakim Binbaşı M. Tahir İlhan, Hakim Muzaffer Kibritçioğlu, Hava Hakim Binbaşı Faruk Kalaç.

Eksi işaretli askeri yargıçlar:

Hakim Albay Hamdi Sevinç, Hakim Binbaşı Vural Özenirler, Hava Hakim Binbaşı Hikmet Üstün Günsan, Hakim Albay Nevzat Beygo, Hakim Albay Refik Karaa, Dz. Hakim Albay Saydam Erdok, Hakim Yüzbaşı Saim Öztürk, Hakim Albay Levent Akyüz, Hakim Albay Güner Özer, Hakim Binbaşı Önder Barlas, Hava

Hakim Albay Ferşat Oltulu, Hakim Albay Hayrettin Uğrasız, Hakim Albay Rıdvan Kaftan, Hakim Binbaşı Mustafa Güzel, Hv. Hakim Yüzbaşı Okan Yalçınkaya, Hakim Albay Hikmet Hacımırzaoğlu, Hakim Yüzbaşı Ali Kurşun, Hakim Binbaşı Aydın Kalpakçı, Hakim Albay Remzi Şirin, Hakim Yüzbaşı Sezai Aydınalp, Hakim Binbaşı Gün Soysal, Hakim Yüzbaşı Basri Özgenç, Hakim Albay Edip Gültekin, Hakim Albay Besim Doğuşlu, Hakim Yüzbaşı Seyfettin Yalçın, Hakim Tuğgeneral Muzaffer Gucur, Hava Hakim Albay Cemal Algan, Hakim Albay Fahrettin İçel, Hakim Albay Süleyman Yıldıran, Dz. Hakim Yüzbaşı Tevfik Odman, Hakim Yb. Ersin Eserol, Hakim Albay M. Emin Menteşeoğlu, Hakim Albay Selçuk Akın, Dz. Hakim Turhan Akınalp, Hakim Yb. M. Erdal Şenel, Hakim Binbaşı Olcay Mis.

Ankara Sıkıyönetim Savcısı Hakim Albay Nurettin Soyer'le söyleşimizi sürdürüyor, soruyoruz:

"Sol örgütler hakkında dava açmadınız mı?

SOYER- Açtım. Hem açtığım, hem de iddianamesini imzaladığım sol örgüt davaları var. '*MHP iddianamesini imzaladın, Dev-Yol iddianamesini de imzala*' dedi arkadaşlar. '*Memnuniyetle*' dedim. Onlarla beraber onbeş gün soruşturmanın son safhasında çalıştım. Çünkü idam isteminde bulunacağım sanıklar vardı. Bunlar hakkında ben de savcı yardımcısı arkadaşlarla beraber onbeş yirmi gün gece 12'lere kadar oturup sorgunun son kısımlarında bulundum."

Sıkıyönetim Savcısı Soyer, bunları anlatırken düşünüyordum. Recep Ergun 'herhangi' bir sıkıyönetim komutanı değildi. MİT'te önemli görevlerde bulunmuştu. 12 Eylül öncesi yaşanan olayları, görevi gereği herkesten iyi izlemesi gerekiyordu.

MİT'te görev yaparken, yakın çalışma arkadaşlarından biri, Şahap Homris'ti. MİT Hukuk Müşaviri olan Şahap Homris, MHP Genel Başkanı Alpaslan Türkeş'in dünürüydü. Homris'in oğlu, Türkeş'in kızlarından biriyle evliydi. Homris, MİT'ten ayrıldıktan sonra Türkeş'in avukatlığını üstlenmişti.

Acaba Ergun ile Homris arasında MİT'teki görev günlerinden kalan bir dostluk söz konusu muydu? Bunu bilemiyoruz.

Bildiğimiz, 12 Eylül'den sonra MHP Genel Merkezi'nde yapılan aramalarda Türkeş'in çekmecesinde ele geçen belgelerin, Recep Ergun tarafından görüldüğüdür. Bu belgelerden biri çok ilginçtir. Okuyalım.

"Deniz Kuvvetleri K.

1. Dz. K.K. Oramiral Bülend Ulusu, 18 Ağustos 1980'de emekli oluyor.

2. Oramiral Arif Akdoğanlar 3 yıllık oramiral, koramiral iken 1 yıl Donanma K., oramiral iken 1 yıl askeri şura üyeliği, oramiral iken 2 yıl MGK Gnl. Sek. Halen MGK Genel Sekreteridir.

3. Oramiral Nejat Tümer: 2 yıllık oramiral. Koramiral iken 2 yıl Donanma K., oramiral iken 2 yıl Donanma K., Halen 4 yıllık Donanma K.dır.

İstenen:

Halen Donanma K. bulunan Oramiral Nejat Tümer'in Deniz K.K. olmasıdır.

Dz.K.K.'lığında 4. sırada bulunan, halen de Dz.K.K. Kurmay Başkanı olan ve terfi sırasında bulunan tek Koramiral Nejat Serim'in terfi ettirilerek Donanma K.'lığına getirilmesi.

Not:

1. Dz.K.K.'lığı kadrosunda 2 oramirallık vardır. Bülend Ulusu'nun görev süresi 1 yıl uzatıldığı için üst kademede denge bozulmuştur.

2. Şayet Arif Akdoğanlar Dz.K.K. yapılırsa, Koramiral Nejat Serim'in kadrosuzluk nedeniyle emekliye sevk edilmesi gerekecektir. Çok değerli olan bu amiralin, böyle bir durum olduğu takdirde emekli edilmemesi, 1 yıl beklemeye alınması.

3. Oramiral Nejat Tümer, Dz.K.K. olursa, Oramiral Arif Akdoğanlar otomotikman emekli olur. Nejat Serim de otomatikman oramiral olur."

Bu rapor, MHP'nin, Deniz Kuvvetleri Komutanlığı için Nejat Serim'i istediğini ortaya koyuyor. Nejat Serim, 12 Eylül döneminde bir ara Kocaeli'de sıkıyönetim komutanlığı yaptı; daha sonra Milliyet gazetesinin yönetim kurulunda görev aldı.

Acaba Recep Ergun, bunları bildiği için mi MHP hakkındaki "hızlı soruşturma emri"nin ille de Konsey'den çıkmasını istiyordu? Öyleyse, MHP'nin aranması için "şifahi emir" vermesi neyle açıklanacaktı?

MHP Genel Merkezi, 12 Eylül günü sabaha karşı aranmıştı. Bu arama Recep Ergun'un "şifahi emri" ile oluşmuştu. 14 Eylül 1980 tarihli arama tutanağının başında bu "şifahi emir" açıkça yazılmıştır.

"14 Eylül 1980 günü Kolordu ve Sıkıyönetim Komutanı Korgeneral Recep Ergun'un şifahi emirleri sonucu Sıkıyönetim Askeri Savcısı Nurettin Soyer'in emirleri ile Hava Hakim Kıdemli Binbaşı Erkan Başeren, Hakim Önyüzbaşı Okan Yalçınkaya, Hakim Önyüzbaşı Fahrettin Demirağ, Hakim Kıdemli Yüzbaşı Mustafa Zeki Canpolat, Dz. Hakim Üsteğmen Nihat Demirel ve tutanakta Mu. Onbaşı Recep Kahraman ve Mu. Onbaşı İbrahim Aytekin olduğu halde askeri araçlarla MHP Genel Merkezi'nin bulunduğu Bah-çelievler 3. Cadde 45 numaralı binaya gelindi."

Görüldüğü gibi ortada bir "şifahi emir" var. Recep Ergun, bu sözlü emrini niçin "yazılı emre" dönüştürmekten çekiniyor.

MHP Genel Merkezi'nde bulunan el yazılı şu not da Recep Ergun'un niçin "yazılı emri" için Konsey'den karar çıkarmayı beklediğini ortaya koymaktadır. Belgeyi okuyalım:

"...Genelkurmay Genel Sekreteri bizzat telefon etti. Bundan sonra her akşam Genelkurmay Başkanı'na (yurtdışına, İslâmabad'a) bir mesaj gönderilecek. 'Silahlı Kuvvetler'de bir vukuat yoktur' mealinde her gün haber verilecek veya falan yerde kıpırtı var mealinde. Dönüşe kadar bu her gün devam edecek..."

Recep Ergun, MHP'de ele geçen belgelerde askeri savcı ve yargıçlarla ilgili değerlendirmeler yapıldığını da görmüştür. MHP ve öteki partilerdeki aramalar Komutan Recep Ergun'un "şifahi emri" ile başlamış, ancak Ergun soruşturma emrini "yazılı" olarak vermek için Konsey'den bu konuda karar beklemiştir. Kimbilir belki MHP'deki aramada ele geçen belgeleri değerlendirmiş, bu yüzden emrin Konsey'den gelmesini beklemiştir.

Bu noktada önemli olan MHP ve yan kuruluşları ve silahlı sağ örgütlerle ilgili soruşturma ve operasyonlarda Komutan Recep Ergun'un nasıl davrandığı. Bu konuda komutanlık ve savcılık olarak aralarında bir sorun çıktı mı? Bir sürtüşme ya da görüş ayrılığı oldu mu? Soyer'e bu soruları yöneltiyorum. Yanıtlıyor:

"...Emniyet müdürlüğünün bir sistemi var. Aldığı istihbarata göre herhangi bir suç işleyen kişi yakalandığında, hemen komutandan, o kişinin durumuna göre 10, 15, 20, 30 güne kadar gözetim yetkisi istiyorlar.

Tarihini tam hatırlamıyorum. İstanbul Emniyet Müdürlüğü, Ankara'da Bahçelievler'de yedi kişiyi boğarak öldüren sanıklardan Haluk Kırcı'yı yakalamışlar. Nasıl yakalamışlar bilmiyorum. Aranan kişiydi ve çetenin önemli adamlarından biriydi. Neyse ki İstanbul Emniyet Müdürlüğü bu sanığı yakalamış. Ankara Emniyet Müdürlüğü'nün bu sanığı en az 28 gün gözetim altında tutması gerekir ki, çete hakkında, cinayet hakkında bilgi toplanabilsin.

İstanbul Emniyeti'nden geldiği gün baktım, Haluk Kırcı polis nezaretinde benin kapımın önüne getirildi. '*Bu nedir böyle*' dedim, '*sorgusu var mı?*' Yok, dediler, yok. '*Sorgusu yapılmadı, nasıl getirildi buraya?*' '*Vallahi*' dediler '*Birinci şubeden emir verildi, biz de getirdik.*'

Savcılık olarak bu sanığı biz sorguladık. Tabii ne çeteyle bilgi verdi, ne de başka şey... Yalnız yedi kişiyi öldürdüğünü bizlere söyledi. Söylemeyebilirdi. Ama söyledi.. '*Bundan nedamet duyuyorum*' dedi.. '*Sıkıntı içindeyim*' dedi. '*Onun için söylüyorum*' dedi. Hatta çocuklardan birini tel askıyla boğduğunu anlatırken, savcı yardımcısı '*Bak neler söylüyor*' dedi. Ben de koştum dinledim bir nebze.

Şimdi bu olay oldu. Benim çok ağrıma gitti. Bu korkunç bir örgüt.. Bu örgüt ile ilgili bu adamdan yığınla bilgi alınacak.

O sırada savcı yardımcılarından biri '*Ağabey pankart astı diye bir kızı yakalamışlardı. Bende evrakı vardı.*' Kızı 15 gün emniyette gözetimde tutmuşlar, sorgulanmış, öyle gönderilmiş. Savcı yardımcısı '*3 ay önce pankart astı diye 15 gün gözetimde tutmuşlar, bu ne biçim iş!?*' diye sordu.

Emniyet Müdürlüğü'nün bu hareketinin çok sakıncalı olduğunu komutana yazı ile bildirdim. Fakat komutandan bir cevap alamadık. Sözlü olarak da sordum. '*Emniyetin işi başından aşıyor*' dedi. Biri sağdan... Katliam yapmış bir kişi; biri soldan, pankart asmış bir kız...

Olayda emniyetin bir kusuru olmadığını, bunun komutanın fikri olduğunu ikinci bir olay ile açıklayacağım."

20 SUBAY OLAYI

Ankara Sıkıyönetim Savcısı Nurettin Soyer'in Org. Recep Ergun'la ilgili bir diğer anısı gerçekten çok ilginçti. Şaşkınlıkla ve üzüntüyle dinliyorum Soyer'i...

"12 Eylül'den sonra savcılık karakol timi bir operasyon yaptı. Bu operasyon sonunda 5-6 tane tabanca ve 500'ün üzerinde mermi ele geçti. Operasyon gece yapılmıştı. Sabah silahları bana getirdiler

Ben biliyorum ki, emniyette bir tabanca bile yakalandığında ödüllendirmeler oluyor. Polislere '*Hemen*' dedim '*komutana gidiyoruz.*' Şeflerini de aldım. Şefi emir albayının odasına bıraktım. Kendim girdim içeri. '*Komutanım iyi haberlerim var*' dedim. Baktım ki yüzü bozuk. '*Buyurun efendim*' dedi. Ben:

'*Efendim uzun namlulu silah yakaladık. Otomatik silah. 5-6 tane tabanca yakaladık... Pek çok mermi yakaladık. Bunlar pek çok katliam olaylarını, faili meçhul öldürme olaylarını aydınlığa kavuşturacak*' dedim. Komutan:

'*Bırakın efendim onu*', dedi. '*Kızılay'da pankart asılmış, onun haberi geldi. Siz savcısınız gidip onun failini yakalayın bana*'.

'*Efendim*' dedim, '*Bu olayın failini de yakalarız. O da bizim görevimiz. Ama siz pankartı, silahın önüne mi getiriyorsunuz?..*'

'*Evet*' dedi, '*Pankartı silahlardan önemli görüyorum!* '*Çünkü*' diye ekledi; '*ülkücüler zaten sinmiş, tecrit olmuş, dönmüş... Ama sol boş durmuyor.*" "*Efendim ama bunlar adam öldürmüş... Biz de silahları yakalamışız!*' dedim. Sinirlenmiştim. '*Bu silahlarla insanlar öldü..*' dedim.

'*Beni ilgilendirmez, beni ilgilendirmez.*' dedi. '*Ben istemiyorum bu silahları...*'

Ben silahları aldım, açtım kapıyı. Bende artık büyük bir heyecan... Sesler dışarıdan duyuluyordu. Emir subayı ve odadakiler '*Komutan savcıyı fırçalıyor*' diye düşünüyor olabilirlerdi. Kapıyı hızla açtım. '*Emir subayının odasına götürün bu silahları*' diye bağırdım. Biz çıktık gittik..

Bu olayla biraz önce anlattığım olayı bugüne bağlarsak... Komutan ülkücülerde yakalanan silahları hiç önemsemez, ama solcu, bir pankart astı mı, savcılığı da, herkesi de ayağa kaldırırdı. Ama insan öldürülmüş, ben bunları yakalamışım... Bunların hiç önemi yoktu komutan için. Pankart daha önemlidir!.. Ben demiyorum ki, pankart asmak suç değil. O da suç. Görevimiz bu suçu da izlemek. Ama adam öldürmek suçların en büyüğü! Bunu anlatamadık..."

Buna benzer daha başka olay yaşanmış mıydı? Soyer, "evet" diyor, sürdürüyor konuşmasını kaldığı yerden:

"12 Eylül'den sonra emniyet müdürlüğü siyasi şubesinden bir tim, bir ülkücü çeteyi yakaladı. Tabancalarıyla silahlarıyla... Hatta tahmin ediyorum bir de içlerinde polis varmış. Evrak geldi. Baktım her şey tamam, emniyetten böyle bir dosya gelmesinden de memnun olduk.

Biz bu soruşturmayı sürdürürken, bu soruşturmada komiser olarak görev yapmış Asım Akbulut bir gün bana geldi. Dedi ki: '*Biz bu çeteyi ortaya çıkardık. Bu yüzden görevden alındık!*' Hemen bu konuyu komutana yazı ile bildirdim. Cevap alamadım.

Komutan, Milliyet'teki beyanında '*20 subayı alıp faili meçhul 12 bin dosyadan şu kadar kişiyi yakalattık*' diyor. Bir tane sağcı yakalatmadı bize. Bu ayrım değil de nedir?!"

Recep Ergun, Milliyet gazetesindeki söyleşisinde, "20 tane genç subayı alarak yetiştirdiğini", bu subaylara "48 saat istihbarat ve doktrin dersi" verdiğini, sonra "dosyaları bu subayların önüne yığdığını" anlatmıştı. Siyasal nitelikli davalarda sorguları bu 20 genç subay mı yapmıştı? Yetkileri neydi? Görevleri neydi bu subayların? Soyer'e bu konuyu da soruyorum. Şöyle yanıtlıyor:

"Koordinasyon kurulu, istihbarattan gelen bilgileri değerlendiriyor. Karargah çalışması yapıyorlar, ama bunlar bana bir tane ülkücü yakalatmadılar.

'Niye yakalayamadılar' diyeceklerdir. *'Efendim sizin de timiniz var...'* Tim varsa ne olacak? Koca emniyet müdürlüğü o time yardım etse MHP ile ilgili soruşturma bitecek..."

Savcı Soyer ile komutan Ergun arasında bu soruşturmalar ile ilgili başka konuşmalar da olmuş..

"... Behçet Dinlerer adında bir çocuk emniyette sorgulanıyor. Sorgulanırken komaya giriyor. Tıp fakültesine kaldırılıyor. Esasında Gülhane'ye gitmesi lazım. Burada 10-15 gün tedavi ediliyor, ama kurtulamıyor. Ölüyor çocuk.

Efendim örgüt üyesiymiş... Bu beni hiç ilgilendirmez! Ben bu suç için gerekirse idam da isterim, ama o iş başka... Suçunun cezasını mahkeme verecek. Tabii hukuk devleti devam edecekse... Yoksa orada, kendilerine göre suçlu gördükleri kişiyi vurup vurup öldürdükten sonra... Yok! Biz bu işe karışmayız... O zaman bizlere de aynı şeyler olabilir. Cezayı mahkeme verir.

Bunun için bu tür olaylarda çok dikkatli davranıyordum. Savcı arkadaşlardan bir ikisini görevlendirdim. *'Gidin hastaneye bunun durumuna bakın'* dedim.

Gittiler. *'Ağabey'* dediler. *'Bu konuda doktorlardan baskı altında olanlar var...'* *'O zaman'* dedim, *"tahkikatı derinleştirin!"*

Sabahtan akşama kadar ifade aldılar. İlk yaptığımız tespit, Tıp Fakültesi Dekanı -ki çift tabanca ile dolaşıyormuş- Celal Sungur'un doktorlara baskı yaptığı...

Bunun üzerine Celal Sungur'u da kapsayacak şekilde soruşturmaya devam ediyoruz biz. O akşam saat 8'e kadar çalışıldı. Benim randevum olduğu için saat 3'te gittik. Yoksa her gün o saatlerde odamda olurdum. O gün benim erken çıkacağım tuttu.

Benden sonra komutan telefon ediyor. *'Savcı yardımcılarından en kıdemlisi o dosyayı bana getirsin, göreceğim dosyayı'* diyor. Bizim savcı yardımcısı arkadaşımız götürüyor dosyayı. Komutan bakıyor bakıyor dosyaya ve savcı yardımcısı arkadaşımız Erkan Başeren'e *'Bende kalsın bu dosya'* diyor.

Aslına bakarsanız komutanın dosyayı istemeye yetkisi yok.. Dosyayı ancak adli müşavir aracılığı ile inceleyebilir. Yetkisi bu. Ama komutandır, hem de Recep Ergun gibi komutan!..

Erkan Başeren, bir şey diyememiş.. Ama sabaha kadar da uyuyamamış. Sonra bana gece telefon etti. Olayı anlattı. '*Çok kötü yapmışsın Erkan*' dedim, '*dosya verilmezdi*' dedim. '*Olur mu yani böyle bir şey*' dedim.

Sabahleyin saat 6'da telefon çaldı. '*Ben*' dedi '*Recep Ergun...*' '*Buyurun komutanım*' dedim. '*Acele yukarı gel*' dedi.

Allah Allah! Konu bu dosyayla ilgili olabilir diye düşündüm. Ama ne olursa olsun dedim, araba çağırttım. 6.30'da komutanlıktaydım. Baktım adli müşavir koridorda koşuşturup duruyor. Kurmay başkanı, harekat başkanı... Allah Allah! O zaman başka bir şey oldu ve bunlar karargahtan gitmemişler...

Girdim içeri, 'tak' diye bir yazı verdi elime. '*Nurettin Soyer, Sıkıyönetim Askeri Savcısı*' diye başlayan bir yazı bu. Yazıda '*Yetkiniz olmadığı halde üniversitenin bir dekanını müşkül durumda bıraktınız, sizin buna yetkiniz yok, yetkinizi aşıyorsunuz. Zaten size ben MHP hakkında soruşturma emri vermediğim halde siz soruşturmaya başladınız. Soruşturmaya çok uzun süredir devam ediyorsunuz. Uzun süreden beri MHP soruşturması halen bitmedi*' şeklinde bir buçuk sayfalık ve beni çok ağır itham eden bir yazı...

Halbuki bende belgeler var. Benim yazdığım yazıda '*Konsey'den müsaade isteyin*' diye not tutmuş kendi el yazısıyla. Bu belgeyi saklıyorum.

Askerlikte bize verilecek en ağır ceza bu. Daha fazla ceza da veremez. İnsanın hak etmediği bir ceza bu. Ben orada evime hemen hemen her gece 12'den evvel gelmiyorum. Karşılığında çalışmadığım ve lüzumsuz işler yaptığım, MHP davasını bitiremediğim suçlamaları ile karşılaşıyorum. Sanki bir ölüm olayını araştırmak basit bir olaymış gibi...

Bu yazıyı aldım. Bu olayların komutanın yazısında yer aldığı gibi olmadığını anlatan bir yazı yazarak Devlet Başkanı Kenan Evren'e gittim. '*Bakın*' dedim, '*ben çalışmak istemiyorum. İşte cevaplarım, beni bu işten alın*'.

Çünkü tahammül edilmiyor. Çok basit olaylar, ama her gün sürtüşme oluyor.

Evren Paşa, '*Ergun Paşa biraz asabidir. Sebebi odur. Onu izah edeceğim. Asabi zamanına rastlamışsınız. Mühim değil*' falan dedi.

'Efendim mühim nasıl olmaz' dedim. Yani biliyorum, çok özel bir beyanda bulundum, *bu yazdığı yazının altında Ahmet Kabaklı imzası olabilirdi ancak'* dedim. *Bana bu kadar kötü davranabilecek, o olabilirdi'* dedim.'

Çünkü aleyhimde bir sürü neşriyat yapıyorlardı. Evren çıkarken *'Şu MHP soruşturmasını bir an önce bitirin'* dedi.

Biz MHP soruşturmasını 6 ayda hazırlamıştık.. Mahkeme kararı 5.5 senede verebildi. Halbuki soruşturma mahkeme safhasından daha uzun zaman alır. Bu hep böyledir; soruşturma uzar, mahkeme çabuk biter.

Ben tekrar geldim makamıma. Komutan çağırıyor, dediler. Gittim. *'Savcının kahvesini getirin'* dedi. Halbuki bir gün önce harp ettik. Korkunç bir şey yaptım. Korkunç bir mücadele verdim. Hatta tebligatı aldıktan sonra odasında *'Hak etmediğim bir muamelede bulunuyorsunuz'* dedim. Bir şeyler söylemeye başladım. *'Buyurun efendim, çıkın dışarı'* dedi. Kalktım ayağa: *'Çıkmıyorum'* dedim, oturdum. *'Oturun efendim'* dedi komutan. Açtı masadaki evrakını okumaya başladı. Ben 10 dakika odada oturdum. *'Şimdi canım çıkmak istiyor'* dedim ve çıktım. Bu olay beni mahvetti. Ben hep sorgulara girdim. İdarecilik görevini savcı yardımcılarına devrettim. Neyse... Yani bir gün önce aramızda böyle bir olay olmuş 'Kahvesini getirin savcının' diyor!

'Arkadaş' dedi, omuzlarındaki rütbelerini göstererek: *'Bunlar yok... Seninle omuz omuza vereceğiz. Bütün bunları halledeceğiz.'* *'Sağ olun komutanım'* dedim, ne diyeyim!?.."

İŞKENCE KRİZİ

Komutan Recep Ergun ile Savcı Soyer arasındaki tartışmalar genellikle sağ örgütlerle ilgili operasyon ve soruşturmalar ve polisin tutumundan kaynaklanmış. Soruyorum: **'Anımsadığınız başka olaylar var mı?'** Soyer, Ergun ile aralarındaki bir başka olayı da şöyle anlatıyor:

"Komutanın polisler ile bir değil birçok olayı var. Zaten po-lisler komutana o kadar bağlılardı ki, komutanın haberi olma-dan nefes bile alamazlardı!

Zeynel Abidin Ceylan adlı bir kişi emniyet müdürlüğünde öldü. Ben hemen savcı yardımcılarından birini görevlendirdim. '*Hemen git olaya müdahale et*' dedim.

Savcı arkadaşımız cezaevi doktorunu da yanına almış, emniyet müdürlüğüne gidiyor. Oradan da Gülhane Hastanesi'ne. Emniyet müdürlüğünde ilk muayeneyi yapacak doktor bulmaktansa askeri doktoru yanında götürmüş. Yolda giderken doktor, üsteğmen ya da yüzbaşı, şimdi rütbesini hatırlamıyorum:

'*Efendim ben şimdi cezaevine gelen sanıkların muayenelerini yapıyorum. Cezaevine ilk muayenelerini yaptıktan sonra alıyoruz. Genç kızlar ve kadınlar çok kötü durumda geliyorlar. Bunlar önlenemez mi*' demiş doktor. Yani sanıkların, emniyet müdürlüğünde fiziksel olarak ceza gördüklerini anlatmış.

Savcı bu arada, gerekli tahkikatı yapmış, cesedi Gülhane'ye sevk etmiş, otopsi raporunu bekliyor. Bu arada savcı yardımcısı arkadaş, doktordan duyduklarını bana anlattı. Biz tam konuşurken telefon çaldı. Komutan sizi bekliyor, dediler.

Gittim, baktım odada Ankara Emniyet Müdürü Ünal Erkan duruyor. Komutan '*Ne oldu*' diye sordu. '*Ölüm sebebi herhalde dövülme*' dedim. '*Otopsi raporunu bekliyoruz.*'

Komutan birdenbire, '*Polise bu kadar yüklenmeyin*' diye bir çıkış yaptı. Savcı Yardımcısı Enis Tunga da sert çıktı. '*Efendim*' dedi, '*insan ölüyor!..*' Komutan, Emniyet Müdürü Ünal Erkan'a dönüp, '*Görüyorsunuz işte*' dedi; '*Ben bu savcılarla çalışıyorum. Bu savcılarla uğraşıyorum...*'

Savcı yardımcısı Enis Tunga, emniyet müdürlüğüne giderken doktorun kendisine anlattıklarını aktardı. Emniyetten gelen kadın ve genç kızlara kötü muamele yapıldığını, bunun önlenmesi için önlem alınması gerektiğini söyledi.

Komutan bunun üzerine '*Kimmiş bu doktor*' diye bağırdı. Komutanın sesi koridorlardan bile duyuluyordu. '*Kimmiş bu doktor?!!...*' Bağırıyordu.

Hemen cezaevinden doktor getirildi. İçeriye girer girmez komutan, doktora '*Ulan seni dedikoducu adam*' diye bağırmaya başladı. '*Sen nasıl dedikodu yaparsın!?*' Ben hemen, '*Efendim doktor arkadaş dedikodu yapmadı. Bu konuda yetkili. Savcı arkadaşa da gördüklerini anlatmış*' dedim.

'Burada tek yetkili benim, bana söylemesi lazımdı. Çık dışarı' diye bağırdı önce, sonra doktora sordu: *'Sen mi söyledin savcıya bunları?'* *'Evet'* dedi doktor *'Ben söyledim.'*

Komutan birden bağırmaya başladı yeniden: *'Seni dedikoducu adam!!..'*"

Doktor gitti. Bir daha da ortalıkta görünmedi. Komutan, doktoru görevinden almış bir başka yere sürmüştü. Demek ki, bir sıkıyönetim görevlisi, komutan ile ters düştü mü, tamam. Hemen sürülüyor.

Komutanın şimdi *'Ben sağ-sol ayrımı yapmam, hukuka da çok saygılıyım'* demesi çok ağrıma gitti.

Sıkıyönetim de yaşanan bir başka sorun da Türkiye Mimar ve Mühendis Odaları ile ilgili..

Neydi bu olay Sayın Soyer?

SOYER- Mimar ve Mühendis Odaları ile ilgili soruşturmayı Enis Tunga yapıyordu. Arkadaş çok ciddi bir arkadaştır. *'Allah memlekete bağışlasın'* diyeceğim. Gerçekten çok ciddi ve vatansever bir arkadaştır Enis Tunga. Çok güvendiğim bir kişidir. Soruşturmayı yapmış ve komutanın tutuklama istemine katılmamış. Hakim de Enis Yılmaz Özcan diye bir arkadaş. O da tutuklamamış. Bunun üzerine komutan karara itiraz ediyor. İtiraz mahkemesi hakimi de Binbaşı Üstün Günsan. Üstün Günsan, komutanın itirazını uygun bulmuyor. Olay bu.

Bir pazar günüydü. Ben de odamda çalışıyordum. Hâkim ve savcı arkadaşlar, hepimiz cumartesi pazar demez çalışırdık. Tatilimiz yoktu. Üstün bana telefon etti. *'Ağabey'* dedi. *'Komutan beni çağırıyor. Ben de bugün tatil diye kot pantolon ve kazakla çalışıyorum. Komutana, eve gidip üniformamı giyeyim, dedim; canın sağ olsun, gel öyle, dedi. Sen komutanı tanırsın, ne yapayım'* diye sordu.

Üstün'ün evi Bahçelievler'de, Mamak'tan Bahçelievler'e git, üstünü değiştir. Zaman alacak. Komutan ne dedi? Canın sağ olsun, dedi. *'Git o zaman'* dedim.

Şimdi komutan, Milliyet'te çıkan konuşmasında Üstün Günsan'ın *'Ayağında blucin, lastik ayakkabılar ve balıkçı yaka kazak, üstünde bir de ceket ile odasına girdiğini'* söylüyor. Gece gündüz çalışıyoruz, tatil gününde de resmi elbise ile çalışacak halimiz yok. Bu insafsızlık olur. Hem Üstün, *'Bu kıyafetle gel-*

meyeyim' diyor. '*Gel; canın sağ olsun*' diyor. Şimdi de bunları söylüyor."

Burada Soyer'in sözlerine bir dakikalık ara verip, aynı olayı, emekli Hakim Binbaşı Avukat Üstün Günsan'a soralım:

"Nasıl olmuştu bu olay Sayın Günsan?

GÜNSAN- Telefonda tatil günü olduğu için sivil kıyafette olduğumu komutana söyledim. Hemen eve gideyim, resmi elbisemi giyip geleyim dedim. '*Canın sağ olsun gel*' dedi. Soyer'e telefon ettim. O da '*Madem öyle söyledi, o halde git*' deyince gittim.

Ben kapıdan girince yeniden '*Kıyafetim için özür dilerim*' dedim. Hiç sesini çıkarmadan masasına gitti. Tek sayfa kağıt. Altında da benim imzamı taşıyan karar. Döndü; '*Bu bana saygısızlıktır, terbiyesizliktir*' diye bağırmaya başladı. Aynen böyle... Ben de:

'*Karar verirken size terbiyeli ve saygılı olmayı düşünmüyorum*' dedim. '*Dosyaya ve elimizdeki delillere bağlıyız*' dedim. '*Bağlı olduğum başka yer yok*' dedim. '*Siz konuyu öyle alıyorsanız, o sizin yorumunuz, ben buna karışamam*' dedim. '*Beni buraya çağırmanızı yadırgadım*' dedim.

Bunun üzerine, '*Ben sana şöyle karar ver, böyle karar ver diye mi konuşuyorum*' dedi. '*Zaten öyle söyleyemezsiniz. Beni buraya çağırmanızdaki maksadı anlamıyorum*' dedim.

Bunun üzerine: '*Sen önüne gelen adamı mahkum etmek görevinde değil misin*' dedi. '*Yok; benim öyle görevim yok*' dedim. '*Konu neyse soruşturur, ne delil varsa o delile göre karar veririm*' dedim. '*Peki çık dışarı*' dedi. Çıktım..."

Üstün Günsan, daha sonra, Ankara Sıkıyönetim Komutanlığı'na bir dilekçe vererek "*Sıkıyönetim yasasında yapılan değişikliklerin yargı bağımsızlığına aykırı olduğunu*" bildirecek; dilekçesi sıkıyönetim komutanına ulaştıktan hemen sonra, Günsan Genelkurmay Başkanlığı'na çağrılacak, kendisine dilekçesinin veriliş amacı sorulacaktı.

Bu olaydan sonra Üstün Günsan, önce Askeri Yüksek İdare Mahkemesi'ne, daha sonra da Diyarbakır'a atanacaktı. Üstün Günsan, Diyarbakır'daki görevinden istifa edecek ve Ankara'da avukatlığa başlıyacaktı.

12 Eylül'den sonra Alpaslan Türkeş ve arkadaşları için tutuklama kararını veren Üstün Günsan'ın askeri yargıçlığı böylece son bulacaktı.

Üstün Günsan ile "kot pantolonlu hakim olayı"nı konuştuktan sonra yeniden Hakim Albay Nurettin Soyer'in anlattıklarına dönüyoruz.

Yine bir gün komutan, Savcı Soyer ile yardımcısı Enis Tunga'yı odasına çağırır. Bundan sonra olanları Soyer'den öğrenelim:

"**SOYER-** Enis ile birlikte, odasına gittik. Komutan, Enis'e '*Sen*' dedi '*Komünistleri koruyorsun.*' Hatta '*Komünistleri koruyorsun, savcıların üstüne gidiyorsun*' da dedi.

Halbuki Enis Tunga, MHP soruşturması dışında ayrıca solcu kuruluşla ilgili tahkikatlar da yaptı. İddianameler de düzenledi. Enis bu konuda çok titiz bir adamdır.

'*Ben cam gibi adamım*' dedi Enis'e. Enis de biraz sert olarak '*Benimle böyle konuşamazsınız. Beni böyle itham edemezsiniz*' diye cevap verdi.

Şimdi, '*Hakim ve savcılara baskı yapmamış!..*' Böyle diyor.

Çok baskı yaptı. Ama bizler direndik. Ben onun baskısıyla hiç hareket etmedim. Ama çok büyük streslere girdim.

Mesela, cezaevinden polisin adam alıp sorgulamasına karşı ben direndim. '*Alamazsınız*' dedim. Bunun üzerine komutan '*Sen müsaade et*' dedi. '*Niye edeyim*' dedim. '*Başka suçları varsa, bana getirirler, ben çıkarırım mahkemeye*' dedim. '*Tutuklanan sanık yeniden emniyette sorgulanmaz*' dedim.

Kırk tane savcıyı topladı. Toplantı yaptı, kendisine yandaş aradı. Bir veya iki tane buldu. Bu savcılar daha sonra '*Ağabey biz yanlış anladık*' dediler. Adalet işlerinden 'yazılı emir' yolunu denedi. Onlar da vermediler böyle bir karar.

Kanun çok açık. Bunun üzerine kanun çıkardılar. Direnmemize rağmen...

Bunlar hep kavga."

ERGUN, KURMAY BAŞKANINA BAĞIRIYOR: "DEFOL!.."

Soyer ile Ergun arasında öyle anlaşılıyor ki, hemen hemen her gün sorun yaşanmış. Sorunlardan birini Soyer şöyle anlatıyor:

"... Bir şikayet olmuş bizim polis timi hakkında. Tim, -iddiaya göre- bir kişiyi almış içeriye, dövmüş, tekrar göndermiş. Karakol bizim emrimizde çalışıyor. Sanık getiriyor, tanık getiriyor. Yani savcılığın emrinde bu tim. Polis timinin başında fevkalade bir komiser vardı. Kamuran Dülgerler... Çok dürüst, çok çalışkan bir komiser...

Böyle bir şikayet varsa, komutanın dosyayı bize göndermesi lazımdı. Biz bakarız bu işlere... Usul bu. Komutan ne yapıyor? Çağırıyor kurmay başkanını, emir veriyor. Diyor ki:

'*Savcılık polislerinin arabaları aranacak, öyle girecekler içeriye.*'

Bu yazı geldi benim önüme. Daktiloya yazdırdım:

'*Bu bir güven meselesidir. Savcılığa olan güvenin kalktığı anlaşılmaktadır. Savcılık karakolu lağvedilmiştir. Polisler, karakol amirleri ile birlikte komutanlığa teslim edecekler. Polisler size aittir...*'

Yani, '*ne yaparsan yap.*' Bu mealde bir yazı yazdım.

Yazı önüne gelmiş, bakmış ki karakolun yaptığı önemli işler var. Biz bu karakol olmasa MHP davasında nefes alamayacaktık... Çünkü Ankara Emniyeti yok!..

'*Komutan hemen sizi çağırıyor*' dediler. Odasına gittim.

'*Benim haberim olmadan bu yazı yazılmış*', dedi. Haberi olmadan nasıl böyle bir yazı yazılırdı?

'*Kurmay başkanı benim haberim olmadan bu yazıyı yazmış; ben yazıyı hemen toplatıyorum. Siz de yazınızı hemen geri alın...*'

'*Almam*' dedim. '*Bu yazı sizde çıkmış.*'

'*Çağırın kurmay başkanını bana*' diye bağırdı.

Kurmay başkanı demek, komutanın karargahı demektir. Kurmay başkanı, komutanın haberi olmadan hukuki bir iş için yazı yazamaz. İmza kurmay başkanının...

'*Benim haberim olmadan nasıl böyle bir yazı yazarsınız*' dedi. Kurmay başkanı, "*Efendim*" dedi:

'*Siz bütün arabaların aranacağını, bütün polislerin aranacağını şifahi olarak bildirdiniz. Ben de bunu emre döktüm. Ben bunu size karşı nasıl ispat ederim?*'

'*Defolun*' dedi kurmay başkanına. Bu, sertlik değil, suçunu örtbas etme çabası...

Ben yazımı geri aldım. O yazıları topladı. Bizim karakol, görevine devam etti. Ne yaptılar sonra bilmiyorum? Sonra iş normal seyrine girdi. Arama marama da yapılmayacaktı. Benim istediğim de buydu. Sen benim polisimi ararsan, ben ona nasıl görev yaptırırım?

POLİSLERİ KİM KAYIRIR?!

Ankara Emniyet Müdürlüğü Siyasi Şube'de görevli polis memuru Kenan Avcı ile komiser yardımcısı Ömer Bülbül haklarında Ankara Sıkıyönetim Komutanlığı Askeri Savcılığı'nca 4.8.1981 tarih ve 1981/837 sayı ile dava açıldı. Dava 2 No'lu Sıkıyönetim Mahkemesinin görevsizlik kararı ile Ankara 6. Ağır Ceza Mahkemesine gönderildi.

6. Ağır Ceza Mahkemesi, 20.4.1980 gün ve 1981/214 esas, 1982/57 karar sayılı gerekçeli kararı ile Kenan Avcı'yı, dört yıl beş ay ağır hapis, bir ay yirmi gün hapis; komiser yardımcısı Ömer Bülbül'ü de dört yıl beş ay on gün ağır hapis, beş ay yirmi gün hapis cezaları ile cezalandırdı.

6. Ağır Ceza Mahkemesi'nin oybirliği ile verdiği karar, Yargıtay 5. Ceza Dairesi'nce 27.8.1982 gün ve 3115 esas ve 2869 karar sayı ile onaylanarak kesinleşti.

Bir başka sorun da Kenan Avcı ve Ömer Bülbül adlı siyasi polislerin karıştıkları bir olay nedeniyle yaşanmış... Önce olayı özetleyelim:

14 Haziran 1981 günü, Ankara Emniyet Müdürlüğü 1. Şube'de görevli komiser muavini Ömer Bülbül ile polis memuru Kenan Avcı, yanlarında Mustafa Erdem adlı bir müteahhit ve Ali Karasu adındaki Lassa bayiliği yapan bir kişi ile Han-Kamp benzin istasyonuna gelirler.

Dört arkadaş, Han-Kamp'ta yemek yiyip içki içerler. Hesabı Ali Karasu öder. Emirlerindeki polis arabasına binmek üzere ken park yerine bir araba yanaşır. Arabadan bir erkek, iki bayan çıkar.

Kenan Avcı, park yeri kâhyasına gelenlerin kim olduğunu sorar. Kâhya, '*Bilmiyorum*' deyince Kenan Avcı kâhyayı tokatlar.

Polis memuru Avcı, arabadan inen bir erkek, iki bayana kimliklerini sorar. Arabadaki erkek, yedek teğmen olduğunu söyler. Kimliğini de gösterir. Bu asteğmenin adı Ömer Aslan'dır.

Kenan Avcı, Asteğmen Aslan'a vurmaya başlar. Asteğmen, bir suçu varsa merkez komutanlığına götürülmesini ister. Yanındaki bayanlardan birinin nişanlısı, öbürünün de nişanlısının arkadaşı olduğunu söyler.

Bu arada, lokantada yemek yemekte olan merkez komutanlığında görevli Albay İlhami Kom, olaya müdahale etmek ister. Polisler Albay'a, '*Çok önemli bir durum olduğunu karışmazsa iyi edeceğini*' söylerler. Bunun üzerine Albay Kom, olaya karışmaz.

Polisler, Ömer Aslan'a, kız arkadaşlarını bırakıp gitmesini söylerler. Ömer Aslan'ın, kız arkadaşlarını bırakmayacağını söylemesi üzerine üçünü de emniyet arabasına alırlar.

Kenan Avcı, arabada bayanlardan birine sarkıntılık yapar. Bununla da yetinilmez, '*Arama yapacağız*' diyerek bayanlardan birinin evine girilir. Kenan Avcı, evde de sarkıntılık yapar. Komiser yardımcısı Bülbül, '*Kimseye şikayet etmeyeceksiniz*' diye gözdağı vererek evden ayrılırlar.

Daha sonra Kenan Avcı, Ömer Bulbül, Mustafa Erdem ve Ali Karasu bir pavyona giderek eğlenmeye devam ederler.

Asteğmen Ömer Aslan, durumu hemen merkez komutanlığına anlartır. Komutan Kemal Yüksel olaya hemen el koyar. Asteğmen de görevli olduğu birliğe katılmak üzere kendi kullandığı araçla İstanbul'a doğru yola çıkar.

Asteğmen Aslan, olayın verdiği gerginlik yüzünden olacak, yolda kaza yapar ve ölür.

Bu dramatik olayı dava dosyasından özetledikten sonra, olayı bir de Askeri Savcı Soyer'den öğrenelim. Olayı Soyer'den dinlerken insanın tüyleri diken diken oluyor. Anlatıyor Soyer:

"Bir Asteğmen, nişanlısı ya da sözlüsü ile bir lokantaya gidiyor. Lokantadan çıkarken, iki tane polis ve iki de arkadaşı ile karşılaşıyorlar. Asteğmenin yanında nişanlısı, bir de nişanlısının bir yakını... Demek ki kızı yalnız bırakmamışlar. Neyse, iki tane polis ve polislerin iki arkadaşı kapıda karşılaşıyorlar. Polisler, '*Durun bakayım*' diye çocuğun üzerini arıyorlar. Kızlara da '*Kenara çekilin*' diyorlar. Sonra kızın ifadesine göre, çocuğa '*Kızı sen bırak, git*' diyorlar. Asteğmen, '*O benim sözlüm*' diyor. Başlıyorlar çocuğu dövmeye.

Orada bekçi var, değnekçi var, 60 yaşlarında. '*Tabancam olsaydı vururdum onları, çok ağrıma gitti*' dedi bana.

Çocuğu dövüyorlar. Çocuk bırakmıyor. Biniyorlar arabaya. '*Seni emniyete götüreceğiz.*' Emniyet Müdürlüğü'nün önünde çocuğa kızı bırakmasını söylüyorlar. Çocuk bırakmıyor. Biri kız, biri kadın... Onun üzerine, '*Sizi sorgulayacağız*' diyorlar. Çocuk '*Tamam gidelim*' diyor. Bakıyorlar olmuyor.

Bu arada, olay yerinde merkez komutanlığından bir albay varmış. Dışarıya çıkıyor, müdahale etmek istiyor. '*Albayım sakın*' diyorlar, '*Sakın!.. Bu TKP...*'

Albayın ifadesi var bende... '*O zaman bıraktım işi*' diyor. '*TKP deyince çekindim.*'

Bu defa kadının evinde arama yapacağız diyorlar. Kadının evine gidiyorlar. Kadını yatak odasına alıyorlar. Ne yapıyorlar artık orada bilemiyorum. Meçhulüm kalıyor birazcık. Tabii kadın, çekinir, her şeyi söyleyemez. Her türlü şey oluyor. Sonra çıkıyorlar.

Çocuğu serbest bırakıyorlar. Çocuk gece gidiyor merkez komutahlığına her şeyi anlatıyor. Merkez Komutanı Kemal Paşa, çok dürüst bir adamdı. Kemal Yüksel... Merkez Komutanlığı'nda ifade alınıyor. Paşa yakından ilgileniyor olayla. Anonslar yapılıyor polislerin yakalanması için. Tabii o gece yakalanmıyor polisler...

Ertesi gün, Kemal Paşa evrakı düzenlediği sırada, çocuk sabaha karşı birliğine giderken -uykusuzluk ve yorgunluk- arabası devriliyor. Ve ölüyor çocuk!..

Ailesi bu işle ilgilenmeye başlıyor. Adli müşavirliğe gelmişler. Adli müşavirlikten bana telefon geldi. Müşavir, '*Nurettin, çok kötü bir olay var*' dedi.

'*Polislerle ilgili tahkikat olduğu için komutandan geçmez. Eğer sen bunu basit bir olay gibi komutandan geçirirsen... Aman sen bu işe eğil.*'

'*Tabii eğilirim*' dedim.

'*Sen savcılardan birisine verirsin, atlarsın, lütfen bana telefon et.*'

Ben:

'*Tabii gelsin*', dedim.

Merkez komutanlığından alınan ifade ile gelmiş evrak.

Ertesi gün yakınları geldi. '*Kız ile kadını getirin*' dedim. Bulmuşlar, getirmişler. İfadeler alınınca işler önem kazandı. Adli müşavire, '*Gözetime alınmaları gerekir*' dedim. '*Komutana söyle*' dedi. Açtım komutana telefonu:

'*Komutanım, bu polislerin gözetim altına alınması gerekiyor..*'

'*Ne demek efendim, nereden çıktı bu gözetim*' dedi. '*Olmaz öyle şey!*'

'*Peki efendim*' dedim. Hemen koruma polislerini lokantaya gönderdim. '*Adamları alın getirin*' dedim. Hepsini arabaya atıp getirmişler. Ben ifadelerini almaya başladım garsonların. Telefon çaldı. Telefonda Recep Ergun. '*Ben şimdi lokantadan geliyorum. Sen garsonların hepsini toplamışsın*' diyor telefonda. '*Evet efendim*' dedim, '*ifade alıyorum.*'

Bakın bir Sıkıyönetim Komutanı lokantaya gidiyor sorgu yapmaya... Ne yapacak biliyor musunuz?!.. '*Öldürürüm sizi*' diyecek!

Ben sorgularını yaptım polislerin. Yanındaki müteahhit ile Lassa bayiinin durumları kritik... Polisleri bulamadık. Yanımızda görevli polislere, '*Bunları sabahleyin saat 7'de evlerinden kapıp geleceksiniz*' dedim.

Bu arada, olaya tanık olan albayı arıyorum. Benden evvel albay ile Recep Ergun konuşmuş. Albay, benim devre arkadaşım çıktı. Dedim ki:

'*Bak benim arkadaşımsın... Ben sana bağırırım şimdi. Ağır laflar ederim. Doğru konuş benimle...*'

'*Nurettin, Komutan Recep Ergun benimle konuştu diye korkup, yalan mı söyleyeceğim*' dedi. Böyle böyle oldu, dedi. Olanları tek tek anlattı. '*Polisler, (bu TKP işi) dedikleri için müdahale etmedim*' dedi.

Müteahhit ile Lassa bayiini sorguladım.

'*Biz*' dediler, '*arama için eve girdik. Biz, oturduk, ama onlar...*' dediler. Ben ifadeyi alırken, Komutan odama girdi. Hiç gelmezdi. '*Bu soruşturmayı öğrenmeye geldim*' dedi. Sonra: '*Bun-lar iyi polislermiş, TKP soruşturması yapıyorlarmış*" dedi.

'*Biliyorum TKP soruşturması yaptıklarını... Ama müteahhitlerle kızın evine girmişler. Müteahhitler öyle söylüyor*' dedim.

'*Nasıl girerlermiş*' dedi.

'*Girmişler. Müteahhitler öyle söylüyor*' diye cevap verdim. Bu konuşma üzerine, '*Çağırın müteahhit ile Lassa bayiini*' dedim. Ben sorgusunu yaptım, imzasını da almıştım. Bakalım komutana ne söyleyeceklerdi? Komutan sordu:

'*Siz polislerle eve girdiniz mi?*'

'*Evet*' dediler, '*girdik.*' Komutan bağırdı:

'*Ne b.. yemeye girdiniz eve...*'

Komutan küfürlü konuşmalar yaptı. Ben araya girdim.

Bunlar sıkıyönetimin emrinde polisler. Görevlerini yaparlarken, bir de böyle işler yapıyorlardı. Ama o sırada görevli değillerdi... 3 Nolu Mahkemeye çıkardık, maalesef tutuklanmadılar, itiraz edildi. 1 Numaralı Mahkeme tutukladı. Beş yılın üzerinde mahkumiyet aldılar.

Sıkıyönetim Komutanı polisleri koruyor... Adım adım... Dedim ki: '*Sizin de kızınız var... Bunlar sizin de kızınıza saldırabilirlerdi. Bunları himaye etmeyin.*'

Ama bu konuşmaya rağmen himaye etti.

'*Ben şimdi TKP hakkında soruşturmayı yürütecek 100 tane polis bulur, görevlendiririm. Irza tesaddi edecek polislere güvenemem ben...*'

Bunların hepsini söyledim. Ama Sıkıyönetim Komutanı taraflı hareket ettiği için çok üzüldük ve çok yorulduk. Onun için de yıprandık. Şimdi Recep Ergun, bunlar sanki hiç olmamış gibi, sanki ortalık süt liman gibi konuşuyor. Bunları, Nihat Özer söylese, '*Ağzına layıktır*' derdim. '*Bir kere benden fazlası var*' derdim.

Recep Ergun ile bir gün huzur duymadık, savcılar olarak... Bir gün huzur duymadığım makamın sahibi şimdi çıkıp, '*Benim hukukçular ile aram çok iyidir. Hatta ben onların işine hiç karışmadım*' diyebiliyorsa, bu, bizleri çok rahatsız eder.

Ben 35 senedir Türk Silahlı Kuvvetleri mensubuyum. Bu elbisenin altındayım. Bu yüzden bazı konuların üstüne gitmeyebilirdim. Ama gözlerimizin içine baka baka bunları söylerse susamazdım... Gerçi baskı ile bana hiçbir şey yaptıramadı, ama baskı bütün karargâhaydı.

Bir gün bir tutuklu, polisle gelmiş... Gülhane'de sağlam raporu vermişler. Adam koltuk değneği ile yürüyor, ama sağlam raporu verilmiş... Aklım durdu. Bunlar nasıl baskı?

Ama ben yılmadım. Yılmadım, ama sağlığımdan çok şey kaybettim..."

KOMUTANLIKTAN EMİR: MHP'Yİ ARA!

Askeri Savcı Albay Nurettin Soyer ile komutan Orgeneral Recep Ergun arasındaki uyuşmazlık ve çatışma, MHP soruşturması nedeniyle çıkmış. Bu uyuşmazlık ve çatışmanın temel nedeni de, 12 Eylül günü MHP'de yapılan aramalar.

Öyleyse bu konuyu aydınlatmak için altında Komutan Recep Ergun'un imzasının bulunduğu belgelere de kısaca göz atmak zorundayız.

Savcı Soyer'in, Sıkıyönetim Komutanı Ergun'u uyarması üzerine bütün parti genel merkezleri gibi MHP Genel Merkezi'nin de Ankara Sıkıyönetim'de görevli askeri savcılarca arandığını, daha önce öğrenmiştik. Peki 12 Eylül günü MHP Genel Merkezi'ni arayan ilk ekip kimlerden oluşmaktaydı? Bir de bu konunun aydınlığa kavuşması gerekmektedir.

"12 Eylül Bayrak Harekâtı" Genelkurmay Başkanlığı'nca hazırlanan bir plan gereğince gerçekleştirilmiştir. Bu plan uyarınca Bolu'daki Komando Tugayı'ndan 4. Tabur Ankara'ya getirilerek bu birlikler komutan Recep Ergun'un emrine verilmiş-tir.

Ankara Sıkıyönetim Komutanı Ergun'un emrine verilen Bolu Komando Alayı 4. Tabur 10. Bölük Komutanı Yüzbaşı Serdar Akyazan'a sıkıyönetim komutanlığınca şu emir verilir:

"MHP Genel Merkezi'ni ara, emniyete al, suç teşkil eden kanıtları topla."

Yüzbaşı Serdar Akyazan, kendi bölüğünden iki takım ve ayrıca sıkıyönetim komutanlığınca verilen iki tank ile birlikte sıkıyönetim karargâhının bulunduğu Mamak'tan 12 Eylül sabaha karşı saat 02.15'te hareket eder. Gece yarısı saat 03.00'te

Bahçelievler 3. caddedeki MHP Genel Merkezi'ne ulaşır. Ancak bir aksilik olur. Tank takımı MHP Genel Merkezi önüne zamanında gelememiştir. Yüzbaşı Akyazan saatine bakar: Saat 03.00'tür. Verilen emir gereği gece saat 03.00'te binaya girmesi gerekmektedir.

Yüzbaşı, tank takımını beklemeden emrindeki birliği "güvenlik" ve "arama" timleri olmak üzere ikiye ayırır. Güvenlik timi bina çevresini kuşatırken, arama timi de MHP Gençlik Kolları Genel Merkezi'ne girer. Askeri tim tarafından aranan MHP Gençlik Kolları binasında şu silah malzemeleri ele geçer:

- 8 mm. çapında Browning marka tabanca.
- 6.35 mm. çapında, 383337 no'lu, üzerinde "Meuserwerke AG Poelndergan" yazılı tabanca.
- 38 kalibrelik Smith Wesson marka tabanca.
- Patlayıcı maddeler.

Ayrıca. tıbbi malzemeler, üç tane peruk da ele geçer.

Yüşbaşı Serdar Akyazan, durumu tabur komutanına bildirir. Bunun üzerine emniyetten bir ekip de MHP Genel Merkezi'ne gelir. Bu polisler Yüzbaşı Serdar Akyazan'ın denetiminde askeri timle beraber arama yaparlar.

Daha sonra 12 Eylül sabahı saat 08.00'de askeri savcılar MHP Genel Merkezi'ndeki aramayı üstlenirler, arama ertesi gün de devam eder.

Türkeş'in odasından ve özel çekmecesinden çok ilginç belgeler çıkar. Belgeler askeri savcılıkça tek tek değerlendirilir.

Askeri savcılık, 14 Eylül 1980 tarihinde 1980/7040 sayılı yazı ile Sıkıyönetim Komutanlığı'na şu başvuruda bulunur:

"12.9.1980 günü sıkıyönetim komutanının şifahi emirleri gereğince MHP Genel Merkezi'nde yapılan ve halen sürdürülmekte bulunan aramalarda ele geçen suç konusu eşyalar ile ilgili listeler ekte sunulmuştur.

Ele geçen silah ve diğer belgeler ışığında, MHP Genel Başkanı Alpaslan Türkeş ve yine ekli listede adları yazılı olan MHP Genel İdare Kurulu hakkında 353 sayılı yasanın 35. maddesi gereğince soruşturma devam etmektedir.

Sanıklara isnat edilen suçun ağır cezalık mevattan olması nedeniyle, tümünün gözetim altına alınarak soruşturmanın gözetim altında sürdürülmesini arz ederim."

Askeri savcılığın bu yazısı üzerine Ankara Sıkıyönetim Komutanı Recep Ergun, Genelkurmay ve Milli Güvenlik Konseyi Başkanlığı'na şu yazıyı yazar:

"İlgi: Ankara Sıkıyönetim Komutanlığı Askeri Savcılığı'nın 14.8.1980 tarih ve 1980/7040 sayılı yazısı.

Milli Güvenlik Konseyi Başkanlığı'nın genel emirleri ve buna dayanılarak Ankara Sıkıyönetim Komutanlığı'nını talimatı üzerine, 12 Eylül 1980 tarihinde AP, CHP, MHP ve MSP ile diğer siyasi partilerin genel merkezlerinde sıkıyönetim askeri savcılığının nezaretinde güvenlik kuvvetlerince aramalara başlanmıştır.

Bu cümleden olmak üzere, MHP'nin Ankara Bahçelievler semtinde bulunan genel merkezinde yapılmaya başlanan ve bu ana kadar devam eden arama sırasında ek 1 listede silah, bomba, tabaca mermisi ve sair malzeme ile önemli nitelikte yazılı belgeler ele geçirilmiştir. Bunlardan bazılarına ait fotoğraflar ekte sunulmuştur. Bu nedenle anılan siyasi partinin ilçe merkezlerinde de aramalar yapılacaktır. Bu olayla ilgili olarak, Ankara Sıkıyönetim Komutanlığı Askeri Savcılığı'nca gözetim altına alınması teklif edilen ve komutanlıkça da uygun görülen kişilere ait isim listeleri ek 2'dedir.

Diğer siyasi partiler ile ilgili aramalar sürdürülmekte olup, sonuçlar ayrıca bildirilecektir.

Bilgilerinize arz ederim."

Sıkıyönetim Komutanı Recep Ergun'un Genelkurmay ve Milli Güvenlik Konseyi Başkanlığı'na yazdığı bu yazı, MHP Genel Merkezi'ndeki aramanın, "*MGK Başkanlığı'nın genel emirleri ve buna dayanılarak Ankara Sıkıyönetim Komutanlığı'nın talimatı*" üzerine yapıldığını, çok açık biçimde ortaya koymaktadır.

Ankara Sıkıyönetim Savcılığı, aramalardan sonra 19.9.1980 tarihinde Komutan Recep Ergun'a "*Ne gibi işlem yapılacağını*" sorar. Recep Ergun, askeri savcının bu başvurusunu, 19.9.1980 gün ve 1980/5100 sayılı yazı ile birlikte Genelkurmay Başkanlığı'na sunar. Recep Ergun'un yazısı şöyledir:

"Milli Güvenlik Konseyi emirleri doğrultusunda, 12.9. 1980 tarihinden itibaren, genel merkezleri Ankara'da bulunan siyasi parti merkez ve şubelerinin aranıp faaliyetlerinin durdurulması sırasında:

MHP Genel Merkkezi'nde suç unsurlarına rastlanması üzerine, komutanlık emri ile aramaya Ankara Sıkıyönetim Komutanlığı Askeri Savcılığı'nca devam edilmiş ve suç teşkil eden silah, malzeme ve dokümana savcılıkça el konulmuştur.

Bu durum karşısında, adı geçen siyasi parti genel başkanı ve genel yönetim kurulu üyeleri ile bunlara bağlı örgütlerin mensupları hakkında soruşturma yapılıp yapılmayacağı konusunda savcılıkça komutanlığımıza hitaben yazı ekte sunulmuştur.

Gereğini arz ederim."

Buraya kadar sunduğumuz belge ve bilgilerden şu sonuç çıkıyor:

MHP Genel Merkezi'ni aramakla görevlendirilen Yüzbaşı Serdar Akyazan, sıkıyönetim komutanlığının emri ile hareket ediyor. Aramalar, Recep Ergun'un şifahi emri ve talimatı ile yapılıyor. Komutan Ergun, bu aramaların 'MGK'nın genel emirleri' ve kendi 'talimatı üzerine' yapıldığını MGK'ya yazdığı yazı ile bildiriyor. Askeri Savcı Soyer, bu aramalardan sonra sıkıyönetim komutanlığından 'ne gibi işlem yapılacağını' soruyor. Recep Ergun da MHP hakkında 'ne işlem yapılacağını' MGK'dan soruyor.

Bu belgeler, Recep Ergun'un MHP Genel Merkezi'nin aranması için "şifahi emir vermediği" yolundaki sözlerini hiçbir yorum gerektirmeyecek biçimde yalanlamaktadır.

Devam ediyoruz.

Bundan sonraki gelişmeler, Soyer'in anlattığı gibi olur. Sıkıyönetim Komutanı Ergun ve Savcı Soyer, MGK'ya giderler. Soyer, MHP Genel Merkezi'nde bulunan belge ve silahları Konsey üyelerine gösterir. MGK'da oylama yapılır. Oybirliği ile MHP hakkında soruşturma açılması kararlaştırılır. Bu toplantıda MHP soruşturmasında görev almak üzere savcılığın emrine bir polis timinin verilmesi de kararlaştırılır.

Aynı toplantıda 1402 sayılı Sıkıyönetim Yasası'na bir madde eklenerek, merkezi Ankara'da bulunan partiler hakkındaki soruşturmaların Ankara Sıkıyönetim Komutanlığı'nca yapılması kabul edilir. Soruşturmaya bundan sonra devam edilir. MHP hakkındaki "yazılı soruşturma emri" bu tarihten önce verilir.

Bu tarihten önceki aramalar, sıkıyönetim komutanının "şifahi emri" ile yapılır.

Savcılık, Sıkıyönetim Komutanı Ergun'un emrindeki Yüzbaşı Serdar Akyazan komutasındaki askeri timin 12 Eylül gecesi başlattığı aramayı yine Ergun'un "şifahi emri" ile sürdürür.

Yapılan aramalarda, ilk anda bulunan silahların dışında, 7.65 mm çapında 7385235 no'lu Kırıkkale tabanca, bir addet 7.65 mm çapında 7666 no'lu tabanca, bir addet 6.35mm çapında 20345 No'lu tabanca ve toplam 272 addet mermi ile çok sayıda yazılı belge ele geçer.

Soyer'in sözlerine noktalı virgül koyup, bu konudaki belgeleri sunmamızdaki amacın olaya açıklık getirmek olduğunu belirtelim.

Komutan Recep Ergun'un imzasını taşıyan yazıya göre, aramaların "Milli Güvenlik Konseyi'nin genel emirleri ve komutanın talimatı üzerine' yapıldığı bu kadar açıkken, bir orgeneralin 'Şifahi emir bile vermedim' diye açıklamada bulunması, daha doğrusu bulunabilmesi, gerçekten çok düşündürücüdür.

Bu konuyu böylece saptadıktan sonra bir başka konuya, Sıkıyönetim Komutanlığı Askeri Savcılığı'ndaki emanet deposundan çalınan silahlar konusuna gelelim.

EMANET DEPOSUNDAN ÇALINAN SİLAHLAR

Bu konudaki belgeler de yine hiçbir yorum gerektirmeyecek biçimde, emekli orgenerali yalanlamaktadır.

Önce, olay neydi; bugün nasıl gündeme geldi; bu konulara açıklık getirelim.

Tarih 26 Ağustos 1980'dir. Recep Ergun Ankara Sıkıyönetim Komutanlığı görevine yeni başlamıştır.

Askeri Savcılık emanet memurları polis Ahmet Uzun ve polis Mustafa Özcihan ve sivil memur Remzi Köse Askeri Savcılığa başvururlar. Yaptıkları sayım sırasında henüz balistik muayeneden geçmemiş 28 tabancanın emanet deposundan çalındığını saptamışlardır.

Olaya savcı yardımcısı Deniz Hakim Yarbay Enis Tunga el koyar. Yeniden sayım yapılır. Emanet deposunda yapılan sayım

28 ağustostan 31 ağustosa kadar sürer. Bu yeni sayımda bir tabancanın daha çalındığı saptanır.

Nurettin Soyer, o sırada yılık izindedir. Durum, İzmir Gümüldür'de dinlenmekte olan Soyer'e telefonla bildirilir. Soyer, kıdemli savcı yardımcısına gereken talimatları verir.

Savcılık, bir kurul oluşturarak, çalınan silahların hangi sanıklarda yakalandığını saptar. Olay bir raporla Recep Ergun'a bildirilir. Bu işlemler, Deniz Hakim Yarbay Enis Tunga tarafından yürütülür.

Komiser Süleyman Ulus, Komiser Yardımcısı Cengiz Yılmaz ve Top. Kd. Başçavuş Kamber Kurt, tuttukları 20.9.1980 günlü tutanakta şu saptamayı yaparlar:

"Emanetin bulunduğu kısmın dışarıdan herhangi bir zorlama ile kat ve pencere ile duvarlarda kırılma, delinme bulunup bulunmadığına bakıldığında, dıştan pencerenin yuvarlak ve lama demirden korkuluk bulunduğu, herhangi bir zorlama olmadığı, emanetin çevresini kaplayan duvarlara bakıldığında sağlam ve herhangi bir zorlama olmadığı, kapının dışarıda ve lama demirden yapılmış tüm olarak korkuluğun muhafazasının ve asma kilitli olduğu, burada da herhangi bir zorlama olmadığı görülmüştür."

1 Eylül 1980 günü Savcı Nurettin Soyer, Sıkıyönetim Komutanı Recep Ergun'a (1980/477) sayı ile yazdığı yazıda şu istemlerde bulunur:

"Savcılığımızın emanetinde bulunan silah nevinden olan suç aletlerinin her gün biraz daha miktarının artması ve tabanca nevinden olan suç aletlerinin büyük paralar karşılığında temin edilebilme hususunun bizce malum bir husus olması nedeniyle silahlar ile ilgili emanetin yeni bir düzenlemeye tabi tutulmasının uygun olduğu görüşündeyiz. Yeni yapılacak düzenlemeye kadar emniyet depolarımız kilitli olarak bekletilecektir.

Gereğini emirlerinize arz ederiz."

Askeri Savcı Yardımcısı Enis Tunga, valiliklere, il jandarma komutanlıklarına, Emniyet Genel Müdürlüğü'ne birer yazı yazarak, "cins, çap ve numaraları belirtilen silahların ele geçmeleri halinde savcılığa gönderilmesini" ister. Ancak bu silahların bir teki bile ele geçmez.

Savcılık bir yandan bu önlemlere başvururken, bir yandan da olayda sorumlulukları görülenler hakkında soruşturmaya geçer. 9 Eylül 1980 tarihinde Savcı Tunga, emanet memurları polis Ahmet Uzun, polis Mustafa Özcihan ve sivil memur Remzi Köse haklarında "gıyabi tutuklama" isteminde bulunur.

Enis Tunga'nın bu başvurusunda savcılık emanetine gelen paralarda da eksiklik saptandığı belirtilir. Savcı Tunga durumu şöyle özetler:

"Savcılık emanetine gelen paraların, bankayla ilişki kurmak suretiyle dökümünün yapılması istenildiğinde, cevaptan kasa defterinin düzenli şekilde tutulmadığı, geliş kaydına rastlanmadığı halde 22.8.1980 tarihine kadar yansıyan 35.047,50 TL'lik açıktan 32.212 TL'nin bankaya yatırıldığı, hali hazırda açığın 6.348,47 TL olduğu öğrenildi."

Askeri mahkeme tutuklama istemlerini reddeder. Sanıklar tutuksuz olarak yargılanırlar. 4. Kolordu Askeri Mahkemesi'nde yapılan yargılamalar sonunda polis memuru Ahmet Uzun mahkum olur. Bu karar, Askeri Yargıtay 1. Dairesi'nce "Bu suçların askeri yargının görev alanına girmediği" gerekçesiyle bozulur.

Sanıklar hakkında soruşturma başlar başlamaz, Savcı Nurettin Soyer, sanık sivil memur Remzi Köse'nin Askeri Yargıtay'daki görevine geri gönderilmesini ister. Bir süre sonra Köse, Askeri Yargıtay'daki görevine gönderilir.

Ankara Beşinci Asliye Ceza Mahkemesi, olayda hem "ihmal" hem de "zimmet" suçu bulunduğu gerekçesi ile dosyayı ağır ceza mahkemesine gönderiri.

Olay budur.

Şimdi gelelim olayın Sıkıyönetim Komutanı Recep Ergun tarafından yorumuna.

Emekli Orgeneral Ergun, Türkiye Gazetesine yaptığı açıklamada şunları söylüyor:

"Savcılık yedieminde bulunan 30 kadar silah kaybolmuştu. Suç unsuruydu aynı zamanda bunlar. Nurettin Soyer, 30 tabancayı kaybetti. Müfettiş istedim, geldi. Ne yaptı bilmiyorum. Galiba hiçbir şey yapmadı. Ama ben mecburdum bunu gerekli mercilere intikal ettirmeye. Zira bu 30 silah olaylardan gelmişti. Suç deliliydi. Hepsi kayıp oldu. Nurettin Soyer'in sorumluluğundaydı bu silahlar. Kayboldular."

Ergun bu açıklamayı şu yargısıyla bitiriyor:

"Bütün silahlar sol örgütlerden toplanmıştı!.."

Bu çok ağır bir suçlamadır. 12 Eylül öncesi Milli İstihbarat Teşkilatı'nda müsteşar yardımcılığı yapan bir eski sıkıyönetim komutanının bu açıklamalarını okuyan herkes, olay hakkında derin kuşkulara kapılır. Çünkü bu sözlerin sahibi bir orgeneraldir; hem de MİT'te görev yapmış bir sıkıyönetim komutanı... Bir sıkıyönetim komutanı elinde bir kanıt olmadan bütün bunları nasıl söyleyebilir?

Şimdi belgelere kısaca göz atalım. Eğer bu silahların tümünün, komutanın açıklamalarının tersine "sol örgütlerden toplanmadığı" sonucuna ulaşırsak, o zaman Ergun'un bu konuda kamuoyunu yanılttığı aritmetik kesinlikle ortaya çıkacak demektir.

Dosyadaki belgelere göre, çalınan silahların hangi olaylarda ele geçtiğini yalnızca birkaç örnekle birlikte saptayalım:

Sanık: Ragıp Çavuşoğlu... Dava: **Sol örgüt...** Marka: Armes... Esas no: 1980/3242.

Sanık: Abdurrahman Öncel. Dava: Gasp... **Silahlı sağ..** Marka: Browning, iki adet... Esas no: 1980/3315.

Sanık: Serdar Çelebi ve arkadaşları... Dava: **sol...** Pankart asmak...

Sanık: Doğan Hepgül... Dava: Ateşli silahlar Yasası'na muhalefet. Marka: Vizör... Esas no: 1980/3349

Sanık: İrfan Yaman ve Mithat İdemen... Dava: Ateşli Silahlar Yasası'na muhalefet. Esas no: 1980/3885.

Zafer Köleten, Necmi Ağır, Doğu Can adlı sanıklar, dosyadaki belgelere göre **sol örgüt** sanıklarıdır.

Bu örnekler gösteriyor ki, bu silahların bir kısmı sağ, bir kısmı da sol örgüt sanıklarının üzerlerinde yakalanmışlardır. Bu yüzden, Ergun'un *"Bütün bu silahlar sol örgütlerden toplanmıştı"* genellemesi gerçeklerle bağdaşmamaktadır.

Sıkıyönetim Askeri Savcılığı'nın 1980/3335 sayılı iddianamesinden aktaracağımız şu bölüm, Sıkıyönetim Komutanı Ergun'u yalanlamaya yetmektedir.

"Sanıklardan Abdurrahman Öncel, Metin Geğin ve Mustafa Kayıcıoğlu, iş ortaklığı yapmaları yanı sıra benimsedikleri sağ görüşün Türkiye'de daha etkin hale gelebilmesi için

kendi aralarında sohbet toplantıları yaptıkları ve bu toplantılarda zengin işadamlarının ülkücü gençliğe yardım etmelerini sağlamak gerektiğini, bunun ise ancak zengin işadamlarını korkutmak suretiyle sağlanabileceği görüşüne varmışlardır.

Zengin işadamlarını korkutmak ve sonradan onları etkileyerek solculara karşı olmalarını sağlamak amacıyla yapılacak işler için haklarında gıyabi tutuklama kararından ve ülkücü görüşü benimseyen Dülger ve Akkaya ile yine ülkücü görüşe sahip Gürleroğlu ve Etci'nin iştiraki ile meydana getirdikleri teşekkül ile ilk eylemin Geğin'in iş hayatından tanıdığı Kimya Sanayi Anonim Şirketi Yönetim Kurulu Başkanı'na karşı yapılması kararlaştırılmıştır. (...) Plan gereğince işadamının evine silah ile girilecek ve kendilerinin 'Türkiye Halk Kurtuluş Örgütü' üyesi olduklarını belirtecekler ve kıymetli eşyayı gasp edeceklerdi."

Depodan çalınan silahlar arsında bu silahlı sağ eylemcilerde ele geçen tabancalar da bulunmaktadır.

Çalınan silahlar ile ilgili yargılamalar sırasında açık duruşmada okunan Ankara Emniyet Müdürlüğü'nün 22 Eylül 1980 gün ve 2072 sayılı yazıda, savcılık emanet deposunda görevli Ahmet Uzun ve Mustafa Özcihan adlı polisler ile Remzi Köse adlı sivil memurun "sağ görüşlü" oldukları bildirilmektedir.

Görülüyor ki, sıkıyönetim komutanının çalınan silahlar ile ilgili "Bütün silahlar sol örgütlerden toplanmışlardı" yolundaki açıklamaları gerçeklere açıkça ters düşmektedir.

Bu silahları çalanlar kimlerdir? Bu konu bugün de aydınlanmış değildir. Depo kapısı kırılmamış, depoda pencere, duvar ve kapıda herhangi bir zorlama da olmamıştır. Demek ki, birtakım hünerli eller balistik incelemeden geçmeyen bu silahları alıp kaçmışlardır. Hem de arkalarında küçük bir ipucu bile bırakmadan...

Belki amaçları çok önemli bir olayda kullanılan bir silahı alıp götürmek, böylece bu çok önemli olayın aydınlanmasını engellemekti. Bu yüzden sağ ya da sol sanıklardan yakalanan 27 silahı birden alıp götürmüşler, bu yolla da hangi silahın niçin çalındığını kanıtlayacak ipuçlarını da yok etmişlerdi. Kim bilir? Belki öyle, belki değil. Bilinmez ki.

Bir sıkıyönetim komutanı böyle bir olay hakkında, aradan yıllar geçtikten sonra nasıl olur da böyle yanıltıcı ve suçlayıcı açıklamalar yapar? En azından şu bizim harcadığımız çabayı gösterip, dosyayı incelemesi, açıklamasını da bu dosyayı gördükten sonra yapması gerekmez mi?

Kaybolan silahlar konusu gerçekten çok önemlidir. Araya girip, konu hakkında bu nedenle bu kadar ayrıntıya yer verdik.

Aynı olayı bir de Soyer'in anlattıklarından öğrendikten sonra MHP'nin son yöneticilerinden Murat Bayrak hakkında Ankara sıkıyönetimince niçin soruşturma açılmadığı ya da açılamadığı konusuna gelelim.

Sıkıyönetim emanet deposundan çalınan silahlar ve Murat Bayrak konusu, 12 Eylül öncesi ve sonrasının çözüm bekleyen "bilmeceler"nden yalnızca iki tanesidir.

ERGUN'A İFTİRA

Ankara Sıkıyönetim Savcısı Nurettin Soyer'e savcılık emanetinden çalınan silahlar konusunu soruyorum. Soyer anlatıyor, dinliyorum:

"... Türkiye gazetesinin 23 Eylül günlü sayısında Recep Ergun, '*Savcılık Yedieminde bulunan 30 kadar silah kaybolmuştu. Suç unsuruydu aynı zamanda bunlar. Nurettin Soyer, bu 30 tabancayı kaybetti. Müfettiş istedim, geldi, ne yaptılar bilmiyorum. Ben mecburdum bunu gerekli mercilere intikal ettirmeye, zira bu 30 silah olaylardan gelmişti. Suç delili idi hepsi. Hepsi kayboldu. Nurettin Soyer'in sorumluluğundaydı. Bu silahlar kayboldular, bütün silahlar sol örgütlerden toplanmışlardı*' diye beyanda bulunmuş, gazete de birinci sayfada bunu '*Silahları Albay Soyer kaçırdı*' şeklinde manşet olarak haber vermişti.

Emekli bir orgeneralin, insaf ölçüleri ile bile bağdaşmayan bu beyanı karşısında sadece 'korkunç' tabirini kullanaca-ğım. Gerçekten 'korkunç.'

Uzaktan yakından benimle ilgisi olmayan bu ithama cevap bile vermek gerekmezdi. Bir ara cevap vermemeyi düşündüm. Ancak 24 Eylül tarihli Yeni Asır Gazetesinde olay yine sıkıyönetim komutanının iddiası olarak yer alınca bu konuda bir açıklama yapmak gerektiğine inandım.

Sıkıyönetim Askeri Savcılığı'na bağlı bir emanet memurluğu vardır. Eşya ve silahlar, suç evrakı ile komutanlıktan geldiğinde, emanet memuruna teslim edilir. Savcılık emanetinde örgüt evlerinden yakalanan eşyanın fazlalığı nedeniyle silahları ayrı bir yerde, eşyayı ayrı bir yerde saklıyorduk.

Silahların bulunduğu kısım, çift demir kapılı çok muhkem bir yerdi ve emanet memuru olarak, emniyet müdürlüğünden komutanlık emri ile gelen iki polis memuru ile yine komutanlık emri ile Askeri Yargıtay'dan gelen bir sivil memur görev yapmaktaydı.

1980 yılı ağustos ayında yıllık iznimi kullandığım Gümüldür askeri kampındayken, kıdemli savcı yardımcımın Ankara'dan telefon ile beni araması üzerine, 30 kadar tabancanın emanet deposundan çalındığını öğrendim. Savcı yardımcım '*olaya el koyduğunu, komutana da durumu rapor ile bildirdiğini*' belirtti. Savcı yardımcısı arkadaşıma yapılması gerekenleri söyledim. Ve yıllık iznimin bitmesini beklemeden Ankara'ya döndüm.

Savcı arkadaşlar ile olayı bir kere daha birlikte değerlendirdik. Emanette o gün için beşyüzden fazla silah vardı. Bu yüzden yeniden sayım yaptıklarını söylediler.

Komutan Recep Ergun göreve yeni gelmişti. Makamına gittim. Olayı bütün ayrıntıları ile uzun uzun anlattım. '*Gereken yapılmış, tahkikatın sonunu bekleyeceğiz*' dedi.

Sayım sonucu 27 tabancanın eksik olduğu belirince, komutanlık emri ile iki polis ve bir sivil memur sorgulanmak üzere emniyet müdürlüğüne götürüldüler. Bu üç memur, emniyet müdürlüğünde sorgulandılar. Daha sonra olaya el koyan savcı yardımcısı sorguları yaptı. Kaybolan silahların numaraları tespit edilerek konu tüm sıkıyönetim komutanlıklarına bildirildi. Ve bu tabancaların herhangi bir olayda ele geçmesi ihtimali göz önüne alınarak, bu gibi durumlarda, Sıkıyönetim Komutanlığı Askeri Savcılığı'na bilgi verilmesi istendi.

Daha sonra üç memur hakkında iddianame düzenlendi. Dava açıldı. Davaya Ankara 4. Kolordu Askeri Mahkemesi baktı. Polis memuru Ahmet Uzun, Kolordu Mahkemesi'nce mahkum edildi. Askeri Yargıtay, bu kararı yargılama görevinin adli yargıda olduğu gerekçesiyle bozdu. Kolordu Mahkemesi bozma kararına uyunca dosya Ankara Asliye Ceza mahkemesi'ne gönderildi. Asliye Ceza Mahkemesi, suçun ağır cezalık olduğu gerekçesiyle dosyayı Ağır Ceza Mahkemesi'ne gönderdi.

Savcılık emanet depolarında bulunan eşyadan, emanet memurları sorumludur. Emanet depolarından bir eşya çalınırsa bundan, emanet memurları sorumlu tutulurlar.

Recep Ergun, 500'den fazla silahın bulunduğu ve ikisi polis üç emanet memurunun görev yaptığı emanet deposundan silah çalınmasından beni sorumlu tutuyor. Bu olaydan sonra iki yıl süre ile ben bu savcılıkta görev yapmışım, Recep Ergun da Ankara Sıkıyönetim Komutanı olarak benimle birlikte çalışmış.

Ben 1982 yılında sıkıyönetim savcılığından ayrıldım. Silahlı Kuvvetler'de beş yıl daha hakim albay olarak görev yaptım. Recep Ergun da 1987 yılı ağustos ayına kadar Silahlı Kuvvetler'de görev yaptı.

Recep Ergun, sıkıyönetim komutanı olarak hukuka ne ölçüde saygısı olduğunu olay ve belgeleriyle açıklamam üzerine böyle bir iftirada bulunabilmiştir.

'Müfettiş gönderttiği' ise tamamen uydurmadır.

MHP soruşturmasından haberi olup olmadığı konusu belgelerle kanıtlanmıştır. Ergun'un MHP araması ve soruşturması ile ilgili MGK'ya yazdığı yazılar dava dosyaları arasındadır.

Bir ara en kıdemli orgeneral olarak Kara Kuvvetleri Komutanlığı'na gelmesi bile düşünülen Recep Ergun'un kişisel menfaat için hiç çekinmeden 'Nurettin Soyer, bu otuz tabancayı kaybetti' diyebilmesinin takdirini size bırakıyorum.

Recep Ergun'a da bir cümle ile seslenmek istiyorum.

Türkiye'de insanları karalamakla bir yere varılamayacağını ispatlamak ve sizin hukuk dışı davranışlarınızı Türk kamuoyuna açıklamak için elimden geleni yapacağımı bilmenizi isterim."

Mamak'tan kaçırılanlar

Silahların emanetteki depodan çalındığı günlerde Ankara Sıkıyönetim Karargâhı'nda ilginç olaylar oluyordu. Nurettin

Soyer'in anlattıklarını dinlerken, aklım o günlerde Ankara Sıkıyönetim Komutanlığı'na bağlı cezaevlerinde olanlara takılıyordu. Bilmece gibi olaylar yaşanmıştı o günlerde...

Bu giz dolu olaylardan biri, Ankara'da "Balgat Katliamı davası" olarak bilinen dava nedeniyle ölüm cezalarına çarptırılan silâhlı sağ eylemciler İsa Armağan ve Mustafa Pehlivanoğlu'nun, çevresi tanklarla çevrili Mamak Askeri Cezaevi'ndeki hücrelerinden kaçırılmalarıydı. Bu iki silahlı sağ eylemcinin kaçırılmalarını kimler sağlamıştı? Mamak Cezaevi'nden "kuş" bile uçamazdı. Bu yüzden, kaçma eylemi, hem dışarıdan hem de içeriden planlanmıştı.

İsa Armağan, o gün bugündür ortalıklarda yok... Kaçtı, kaçırıldı, ve kurtuldu. Şimdi yurtdışında.

Mustafa Pehlivanoğlu, kaçışından birkaç gün sonra Ankara Sıkıyönetim Komutanlığı Askeri Savcılık polis timinde görevli Komiser Dürüst Oktay tarafından yakalandı. "Balgat katliamı"nı ortaya çıkartan komiser de Dürüst Oktay'dan başkası değildi.

Dürüst Oktay, bu olaydan sonra ülkücülerin düzenlediği bir komplo sonucu gözaltına alınacak, daha sonra bu komplo bütün çirkinliği ile ortaya çıkarılacak, daha sonra da önce Bingöl'e, sonra Kütahya'ya sürülecekti. Dürüst Oktay ile birlikte, cinayet olaylarını izleyen bir MİT görevlisine de tabii bu arada yol görünecekti...

Erdost'un öldürülmesi

Ankara sıkıyönetiminde yaşanan bir başka giz dolu olay da yayıncı İlhan Erdost'un Mamak Askeri Tutukevi'nde dövülerek öldürülmesi olayıydı.

Yayıncı Muzaffer Erdost ve kardeşi İlhan Erdost, Ankara Sıkıyönetim Komutanı Recep Ergun'un emri üzerine "yasaklanmış sol yayın bulundurmak" suçu ile 7 Kasım 1980 günü gözaltına alınmışlar, koğuşa götürülürken, Astsubay Şükrü Bağ'ın komutasındaki araç içinde Ahmet Şeker, Metin Gündoğan, İbrahim Keskin adlı erler tarafından tekme ve cop ile dövülmüşler, İlhan Erdost, bu cop ve tekmeler sonucu yaşamını yitirmişti.

İlhan Erdost'u tekme ve coplarla dövüp öldürenler arasında bulunan er Kısmet Çağlar, Ankara'nın Etlik mahallesinde "ülkücü" olarak tanınan bir militandı. Üstelik, Kısmet Çağlar, gözaltına alınanları koğuşlara götürecek görevli askerler arasında da değildi.

Kısmet Çağlar, C-Blok amiri Binbaşı Baysal Balaban'ın şoförüydü. Olay günü Erdost kardeşlerin gözetime alınıp, koğuşa götürülecekleri sırada, Astsubay Şükrü Bağ yönetimindeki araca binmiş ve Erdostlar'a tekme ve copla saldıranların arasına katılmıştı.

İlhan Erdost'un ölümünden sonra, olaya Askeri Savcılık'ça el konulmuş, Savcı Hakim Binbaşı Sezai Aydınalp, sorgular sırasında, olaya karışan er Kısmet Çağlar'ın öteki sanıklarca korunduğu izlenimini edinmiş ve yaptığı ısrarlı sorgulardan sonra Kısmet Çağlar'ın olaydaki rolünü saptamıştı.

Üstelik Cezaevi Müdürü Albay Raci Tetik, Kısmet Çağlar'ın "Etlik'i birbirine karıştıran ülkücü militan olduğu, Mamak'ı da birbirine karıştıracağı" yolunda bir ihbar aldığını, olaydan bir hafta önce bu erin cezaevinden alınması için yazı yazdığını da duruşmada açıklamıştı.

Bu yazı yazılmış, ancak er Kısmet Çağlar yine görevden alınmamıştı.

12 Eylül döneminde askeri cezaevlerinde görevlilerin "sağ eğilimliler" arasından seçilmesi rastlantı mıydı? Öğretim üyelerini ve yüksek bürokratları 1488 sayılı yasaya dayanarak gözünü bile kırpmadan bir gün içinde görevlerinden alan komutan Recep Ergun, bu "ülkücü militanların" cezaevlerinde görev almalarına nasıl izin veriyordu? Ve cezaevi komutanının yazısına rağmen niçin bu er cezaevindeki görevinden alınmıyordu?

Er Kısmet Çağlar'ın avukatı Can Özbay'ı Ankara Hukuk Fakültesi'nde öğrencilik yıllarından tanıyordum. 1971 12 Mart döneminde Dekan Prof. Uğur Alacakaptan ve Doçent Mukbil Özyörük ile birlikte tutuklanmamıza ve aylarca hapis yatmamıza yol açan soruşturma, Can Özbay'ın asılsız ihbarları ile başlamış ve duruşma sırasında Özbay'ın, "MİT tarafından vazifelendirildiği için ismi saklı tutulan" bir görevli olduğu, Ankara Sıkıyönetim Komutanı Orgeneral Semih Sancar'ın 12.6.1972 günlü yazısı ile anlaşılmıştı. Ankara Sıkıyönetim Komutanlığı 1

Nolu Askeri Mahkemesi'nin 1972/88 sayılı dosyasının 124 dizi sırasındaki belge, Özbay'ın "MİT ile ilişkisini" kanıtlamaktadır.

12 Eylül günlerinde, Avukat Can Özbay, Mamak Askeri Tutukevi'ne girişte dosyalar arasında "silah bulundurduğu" için tutuklanacak, daha sonra dosya sivil mahkemeye gönderilecek ve yapılan yargılamalar sonunda Avukat Özbay aklanacaktır.

Emanet deposundan çalınan silahlar, o gün bugün ortaya çıkmış değildir. İçlerinde bir de "dolmakalem tabanca" bulunan bu çalıntı silahlar, 12 Eylül'ün bilmecelerinden biri olarak durumunu koruyor. Bu silahların çok önemli suçların ortaya çıkmasını engellemek için çalındıkları bellidir. Arkalarında en küçük bir ipucu bile bırakmadan kaçan bu "hünerli eller" bu silahları niçin çalmışlardı?

Hangi cinayetin ortaya çıkmasını engellemek için?!..

MURAT BAYRAK NASIL KURTULDU?

"Murat Bayrak bilmecesi" Sıkıyönetim Komutanlığı Askeri Savcılık emanet deposundan çalınan silahlar bilmecesinden çok daha önemliydi.

Bayrak, Yugoslav göçmeni bir işadamıydı. İkinci Dünya Savaşı'nda işgalci Alman orduları ile işbirliği yaptığı, bu nedenle Yugoslavya'ya girişinin yasak olduğu ileri sürülmekteydi.

"Sancak Tül Fabrikaları" sahibi Murat Bayrak, Adalet Partisi'nden Çanakkale Milletvekili olarak parlamentoya girdi. Daha sonra AP'den ayrıldı. Balıkesir İli, Ayvalık İlçesi, Küçükköy belediyesi, sınırları içinde kurduğu tatil köyünde ülkücü gençlere "komando eğitimi" yaptırdı.

Murat Bayrak,1980 yılında MHP Genel Merkez Yönetim Kurulu üyeliğine seçildi. "12 Eylül Bayrak Harekâtı" sonucunda MHP'nin bütün "genel merkez yönetim kurulu üyeleri" gözaltına alındı.

Bir tek kişi dışında. Murat Bayrak...

Murat Bayrak'ın ne gibi bir ayrıcalığı vardı ki, bu soruşturmaların dışında tutmaktaydı? Evet, neydi bu ayrıcalık?

Murat Bayrak, 12 Eylül öncesinde adamlarına silahı bir albaydan sağladığını, 5 Aralık 1980 günü Hürriyet gazetesinde Uğur Dündar'a anlatmış değil miydi?

O günlerde bu albayın kimliğini araştırmış ve bu albayın, soyadını ideolojik tutumuna göre değiştiren bir jandarma subayı olabileceğini "Gözlem" sütununda yazmıştık. Murat Bayrak, bu yazıyı 14.12.1986 günü yanıtlarken şu açıklamalarda bulunmuştu:

"Üstadım, silah veren albaya gelince... Benim Hürriyet'te neşredilen röportajımdan askeri kanadın bir kısmı ile senelerden beri yakın temasım olduğunu okuyup da anlayabilirdiniz. Ben bunların isimlerini hepsini bildirmeye kalksam, çalıştığınız gazetenin size tahsis edilen sütunları yetmez. Her insanın, elbette, mensup olduğu milletin her tabakasındaki kimselerle teması olacaktır. Tanıdığı, ahbabı ve dostu olacaktır..."

Murat Bayrak'ın bu sözleri gereksiz bir böbürlenme ve yapay bir güç gösterisi midir? Bilemiyoruz. Bu konuları bilebilecek tek devlet kurumu var. O da Milli İstihbarat Teşkilat'ıdır. Komutan Recep Ergun'un 12 Eylül'den önce müsteşar yardımcılığını yaptığı MİT!..

Bizlerin ve kamuoyunun bilmesi gereken bir konu var. O da, MHP'nin son merkez yönetim kurulunda üye olan Bayrak hakkında, Ankara Sıkıyönetim Komutanı Recep Ergun'un niçin soruşturma emri vermediğidir. Daha doğrusu "Bayrak Harekatı" sonunda başlayan MHP soruşturmasında Murat Bayrak adının niçin MHP yönetici listesinde yer almadığıdır.

Bu konuyu Nurettin Soyer'e soruyorum.

"**SOYER**- Bu konuyu ben de sizin bir yazınızdan öğrendim. '*Murat Bayrak hakkında niçin soruşturma açılmadı*' diye soruyordunuz.

Bu yazıyı okuyunca tereddüde düştüm. Murat Bayrak hakkında niçin soruşturma açılmamıştı? MHP soruşturmasında genel merkez yöneticilerinin hepsi hakkında soruşturma açılmıştı. Murat Bayrak'ın MHP'nin son yöneticilerinden biri olduğunu bilemedik. Böyle bir kayıt gelmedi bize. Ancak Murat Bayrak'ın adının geçtiği bir kamp nedeniyle soruşturma açmak istedik. Ve aramaya başladık Murat Bayrak'ı... Bulamadık...

Bu soruşturmayı da Murat Bayrak'ın MHP'nin para kaynağı olduğu için başlatmıştık. MHP'ye para yardımı yapan işadamlarının hepsini sorguladım. Ama Murat Bayrak'ı bulamadık. Çünkü yurtdışındaydı. Emniyet'ten bize Murat Bayrak ile ilgili kayıt gelmediği için soruşturma açmadık."

Listeden nasıl kayboldu

Burada bir konunun açıklığa kavuşması gerekiyor.

Murat Bayrak, MHP'nin son yöneticilerinden biri midir?

Evet...

MHP'nin son yöneticileri hakkında soruşturma açılmış mı?

Evet...

Savcı Nurettin Soyer "*Emniyetten bize Murat Bayrak, ile ilgili kayıt gelmedi*" diyorsa, o zaman Ankara Emniyeti'nin bu konuyu açıklığa kavuşturması gerekmez mi?

Ankara Emniyeti, Ankara Sıkıyönetim Komutanlığı Askeri Savcılığı'na MHP'nin son yöneticilerini hangi tarihte bildirdi? Bu yazıda MHP'nin son yöneticileri ad ad yer alırken, Murat Bayrak adı bu listeye niçin yazılmadı? Yazıldıysa bu yazı savcılığa ulaşırken, Murat Bayrak adı nasıl unutuldu? MİT'in bu konuda Sıkıyönetim Komutanı'na herhangi bir bildirimi oldu mu?

Bu konular açıklığa kavuşmadan **"12 Eylül bilmecesi"** çözülemez.

Bu bilmeceyi çözecek olayların başında, 12 Eylül öncesi MİT Müsteşar Yardımcısı Ankara Sıkıyönetim Komutanı Recep Ergun geliyor.

Savcı "Emniyetten bize Murat Bayrak ile ilgili kayıt gelmedi" diyor. Daha önce bu konuları "Gözlem" köşesinde yazıyoruz. İlgililerden yanıt gelmiyor. "Gözlem" köşesinde Murat Bayrak ile ilgili bir başka sava da yer veriyoruz.

Murat Bayrak'ın adı Frank Terpil adlı silah tüccarının açıklamalarında da geçiyor. Terpil, Amerika'da televizyona çıkıp, Türkiye'de Murat Bayrak'a silah sattığını açıklıyor.

Konuyu "Gözlem" köşesinde gündeme getiriyoruz. Frank Terpil, eski bir CIA görevlisidir. CIA'den ayrılmış, silah ticaretine başlamıştır. Terpil'in Libya'ya da silah sattığı anlaşılınca hakkında soruşturma açılıyor. Bu soruşturma sonunda Terpil tutuklanıp işyeri aranıyor. Bu eski CIA görevlisinin odasında yapılan aramada Murat Bayrak'ın telefon ve teleks numaraları bu-lunuyor.

Bu konular "Gözlem" köşesinde işleniyor.

Murat Bayrak, Uğur Dündar ile Hürriyet'te yaptığı konuşmada, 12 Eylül'den sonra tutuklanacağı yolunda haberler aldığını, bu haberler üzerine, yurtdışına kaçma hazırlıkları yaptığını, Merkez Bankası Başkan Yardımcısının yardımıyla 'geçimini yurtdışında sağlar' diye bir yazı aldığını ve bundan sonra PANAMERİCAN uçağı ile Amerika'ya gittiğini anlatıyor.

Uğur Dündar soruyor:

Peki bir güçlük çıkmış olsaydı, yani uçakla kaçma olanağını bulamamış olsaydınız ne yapacaktınız?

Yanıt: **"Helikopterle kaçacaktık!!"**

Sizin helikopter ile mi?

Yoo, hayır. Gelip alacaklardı...

Dündar, Bayrak'ın bu açık yanıtı karşısında şaşırıyor ve şu soruyu soruyor:

Kimler, nereden gelip alacaklardı?

Bayrak'ın yanıtı şöyle:

Birileri... Yunanistan'dan diyelim...

Murat Bayrak, böylesine kendinden emindir...

Bayrak, Türkiye'den kaçtıktan sonra Amerika'da kalıyor.

Bayrak Amerika'da neler yapmış, bunları da şöyle anlatıyor:

"Amerika'da dostlarımız var. Onlara 12 Eylül yönetimini desteklememelerini telkin etmeye çalıştım. Amerika, NATO'ya bağlıdır, ancak askeri idare ile memnun olacağını düşünüyor. Kendilerine, yahu merak etmeyin, muhafazakâr bir iktidar da NATO ve Amerika için en büyük teminattır. Gelin şu askerleri, ihtilalcileri desteklemekten vazgeçin, dedim ve 45 sayfalık bir rapor verdim."

Murat Bayrak, Amerikalılarla da işte böylesine içli dışlıdır. Murat Bayrak'ın Türkiye'de de güçlü dostları vardır. Bu güçlü dostlarının başında Süleyman Demirel ve İhsan Sabri Çağlayangil gelmektedir. Demirel'in propaganda gezilerinde Murat Bayrak'ın oğlu Mustafa Bayrak'ın "Sancakair" helikopterleri "Demirel'in emrine" verilmekte, Çağlayangil, Bonn'da Bayrak'ın "Oberer Lindweg 33.5300" adresindeki evinde kalmaktadır.

Murat Bayrak adı, en son Almanya'da Humeyni yanlısı Türklerin lideri Cemalettin Kaplan'a sağladığı destekler nedeniyle ortaya çıkmıştır.

Murat Bayrak'ı içerde ve dışarıda koruyan çoktu. Bayrak, bu "koruma çemberi" altında, sıkıyönetim soruşturmalarından kendini sıyırmasını bilmişti.

Bu "koruma çemberi" Murat Bayrak'ı yalnız tutuklanmaktan kurtarmıyor, aynı zamanda Bayrak'ın Ayvalık'taki ünlü tatil köyünün de yeniden kendisine verilmesini sağlıyordu. Bayrak'ın Ayvalık'taki tatil köyü, Balıkesir Valiliği'nin 15.3.1982 gün ve 1982/3492 sayılı kararı ile turizm yüksek okulu yapılmak üzere kamulaştırılmıştı.

Kamulaştırma Yasası'na göre bu tatil köyüne beş yıl içinde kamulaştırma amacına uygun tesis yapılması gerekiyordu. Bu tesis beş yıl içinde yapılmadı... Ve Bayrak da idari yargı yoluna başvurarak, tatil köyünü 1987 yılında yeniden ele geçirdi. Davalı bakanlık, duruşmaları izlemeye avukat bile göndermemişti.

Bu yargımızı yineliyoruz:

Murat Bayrak bilmecesi çözülmeden 12 Eylül öncesi ve sonrası yeterince anlaşılamaz.

Savcı Nurettin Soyer "*Murat Bayrak'ı, emniyetten kayıt gelmediği için sorgulayamadık*" diyor.

Murat Bayrak'ın MHP'nin son yöneticilerinden olduğu Ankara Valiliği'nce, Emniyet Müdürlüğü'nce ve MİT Müsteşarlığı'nca bilinmez mi? Biliniyor.

Bilinir de, bu kayıt Askeri Savcılığa niçin bildirilmez?!..

ÖZTORUN: ECEVİT'İ GÖZALTINDA TUTUN

Murat Bayrak'ın birtakım ellerce korunduğu gün gibi açık. Murat Bayrak, korunmuş ve kollanmıştır. Bu bir gerçek. Murat Bayrak'ı kim korumuş, nasıl korumuş, bunlar bilinmiyor.

Murat Bayrak böylesine korunurken, eski başbakanlardan Bülent Ecevit'in tutuklanması için neler yapılıyordu? CHP için nasıl bir soruşturma yöntemi izleniyordu?

Bu ilginç konuları Nurettin Soyer'den öğreniyoruz.

"**SOYER-** Bu da tabii sağ ve sol ayırımı ile ilgili bir konudur.

Genelkurmay çeşitli komutanlıklardan kendisine ulaştırılan bilgileri toplamış. Mesela, Balıkesir'de, Edremit'te bir komutan CHP ile ilgili bilgi toplamış. Yine bir başka bilgi, İzmir'de CHP'li belediye başkanının oğlunun silahla yakalanması. Bu bilgi de Genelkurmay'a ulaşmış.

MHP'li tutukluların CHP ile ilgili bir de şikayet dilekçeleri var. Sonradan bu dilekçeye hiçbir MHP'li sahip çıkmadı, ama imzaları var. '*Biz ihbar kastıyla yazmadık*' dediler.

CHP hakkında yasal soruşturmanın yapılması için oturduk savcı arkadaşlarla, 'nereden başlanır, kimleri sorgulayacağız' diye düşünmeye başladık. CHP'nin tüm örgütlerini sorgularsak, 40-50 bin kişiyi sorgulamamız lazım. Ne yapalım? 300 tane parlamenteri var. Onları sorgulayalım. Genel merkezdeki genel yönetim kurulu üyelerini sorgulayalım. İfade sahibi olarak bunları sorgulayalım. Onların içinde, suç işlediği konusunda kuvvetli belirtiler çıkan varsa buna göre bir karar alalım.

Bu soruşturmalara başladık.

MHP dilekçesinde, CHP'nin DİSK ile eylem birliği yaptığı iddia edilmekteydi. DİSK davası İstanbul'da. Bazı CHP'liler DİSK'in düzenlediği 1 Mayıs mitingine katılmışlar. İstanbul'a telefon ediyorum. Diyorum ki: '*Gönderin evrakı.*'

Göndermiyorlar.

'*Neden göndermiyorsunuz?*' diye üsteliyorum. Göndermiyorlar. Kalktım İstanbul'a gittim. '*Bana evrakı göndermezseniz*' dedim, '*ben de bütün CHP'lilerin soruşturmasını size gönderirim. Bütün CHP'lileri sorgulayacak mısınız?*' diye sordum. '*Sorgularız*' dediler.

'*Yasaya aykırıdır*' dedim. '*Nasıl yapacaksınız. Merkezi Ankara'da bulunan siyasal partiler hakkındaki soruşturmaları Ankara Sıkıyönetimi yapar.*"

Bu soruşturmaları yasa gereği bizim yapmamız gerekirdi; uzun tartışmalardan sonra Savcı Süleyman Takkeci ikna oldu, dosyaları verdiler.

Meğerse İstanbul Sıkıyönetim Askeri Savcılığı da, CHP'li parlamenterler 1 Mayıs yürüyüşüne katıldılar diye CHP'liler ile ilgili dava açmaya hazırlanıyormuş. Protokol yerinde bir yığın insan ile birlikte CHP'liler de bulunmuş. Takipsizlik kararı verildi.

Bir de Ertuğrul Günay olayı var.

CHP Milletvekili Ertuğrul Günay yargılanıyordu. Mahkeme salıverilmesine karar vermiş. Gece saat 12, yatmak üzereyiz. Telefon çalıyor, açtım telefonu, 'alo' dedim.

'*Ben Recep Ergun.*'

'*Buyurun komutanım*' dedim.

'*Ertuğrul Günay tahliye oldu, biliyor musun?*' dedi.

Tahliye olduğunu da bilmiyordum, duruşmaya hangi savcının çıktığını da... Her gün bir sürü duruşma oluyor, bazı kararlar akşam geç saatlerde alınıyor.

'*Bilmiyorum Komutanım*' dedim.

'*Ama savcı tahliye istemine katılmış*' dedi.

'*Sanığı savcı tahliye etmez*' dedim. '*Mahkeme eder. Savcı tahliye isteğine katılmışsa, demek ki gerek görmüş, katılmış. Bu saatte ben ne yapabilirim.*'

'*Seni buraya aldırırım şimdi*' dedi. Ben '*Her zaman oraya geliyorum*' dedim. '*Hemen yollayın arabayı, geleyim*' dedim. Hanım durmadan eteğimden çekiştiriyor. '*Yapma*' diyor. İnsan bir yerde yoruluyor. Sinirleri bozuluyor. O gün bir iddianame üzerinde çalışmışlık. Zaten eve çok yorgun gelmiştim. Saat gece 12'de Ertuğrul Günay'ın tahliyesi istemine katılan savcının adını istiyor ve '*Sabahleyin bana gelecek*' diyor... Şimdi yatın ve uyuyun!..

Sabah duruşmaya çıkan savcıyı buldum. Sivil savcı -aradan zaman geçti adını unuttum- sanırım İsmail Malkoç'tu.

'*Tahliye istemine iştirak ettim*' dedi savcı. "*Zaten yatacağından fazla kalmıştı içerde. 'Bize kimse bir şey sormadı, belki hakime sormuşlardır*' dedi savcı. Girdim komutanın odasına.

'Nerede savcı yardımcın' diye sordu.

'*Ben tahkik ettim. Ben de soruşturmaya çıksam, tahliye talebine katılırdım*' dedim. '*Çünkü adam yatacağı kadar yatmış.*'

Adli müşaviri çağırdı. Kararı getirmiş müşavir.

'*Ne kadar yatacak*' diye sordu komutan.

Adli müşavir, '*Meşruten tahliye süresini de hesaba katarsak, alacağı ceza kadar yatmış zaten*' dedi.

'*Bana da böyle söylemiyorlar ki*' dedi. '*Gece yarısı savcıyı rahatsız ettiriyorlar bana.*' Sonra '*getirin kahveleri*' dedi.

Adam vuruyor, vuruyor, bir kahve ile de gönlümüzü alacağını sanıyor. Bu çekilmez bir şey. İki yıl meslek hayatımın en zor günlerini geçirdim. Recep Ergun'dan önce Nihat Özer zamanında en rahat günlerimi geçirdim sıkıyönetimde. Hiç karışmadı hekimlere ve savcılara Özer. Karışma ne kelime, karışmanın 'k'si bile olmadı Özer zamanında. O kadar rahattık.

Ergun zamanında savcı sayısı da arttı. 15 savcı vardı önce, sonra 45 savcı geldi. Ama buna rağmen rahat edemedik.

Ecevit'in yurtdışına bir beyanatı olmuş. Bu yüzden Ecevit'in komutanlıkça gözaltına alındığı bana bildirildi. Ertesi gün hemen Ecevit'i gözetimden çağırttım. Çünkü üç günlük gözetim süresinde evrak gelmişti. Bana gelen evrakta bir beyanat var.

Ecevit, ülkede başbakanlık yapmış. Tabii ki önemli kişi. Titiz davranmam gerekiyordu. Bir savcı yardımcısı arkadaşı alarak, '*soruşturmayı beraber yapalım*' dedim. Ecevit'i sorguladık.

Ecevit, '*kesinlikle böyle bir beyanat vermedim*' dedi.

Elimizdeki tek delil, Danimarkalı gazetecinin beyanatı. Teleks bize gelmiş. Genelkurmay'a gelmiş. Zaten evrak, Genelkurmay'dan komutanlığa gelmiş. Bunun dışında hiç bir delil yok. Yani gazetecinin bu beyanatı Ecevit'ten aldığına dair hiç bir delil yok elimizde.

Sorgu bittikten sonra savcı arkadaşlarla bir durum değerlendirmesi yaptık.

Gelen evrak, sıkıyönetim komutanından tutuklama istemi ile gelmiş. Ertesi gün Ecevit'i mahkemeye çıkarmamız lazım. Çünkü komutanlığın istemi var. Arkadaşlar '*vallahi abi*' dediler '*adam hayır diyor.*' Suç işlediğine dair başka delil var mı? '*Yok*' dedik. Karşılıklı olarak birbirimize, '*Biz bu tutuklama işlemine katılmayacağız*' dedik.

Tatil günü de olduğu için, hem fazla da işimiz yoktu, evlerimize gittik.

Komutan telefonla beni aradı. '*Ne oldu sorgu*' diye sordu. '*Beyanatı kabul etmiyor*' dedim, '*Bu gazetecinin elindeki belgeleri isteyeceğiz. Bize yardımcı belgeler verirse, o zaman*' dedim, '*Ece-*

vit hakkında dava açarız.' 'Hiçbir belge olmadığı takdirde Ecevit için dava açmamız zor' dedim.

'Tutuklamaya da iştirak etmiyoruz. Tutuklanacağını da sanmıyorum.'

'Efendim' dedi.

'Evet efendim. Biz tutklamaya iştirak etmiyoruz, tutuklanacağını da sanmıyorum' dedim. Teşekkür etti, telefonu kapattı.

10 dakika sonra yeniden telefon çaldı.

'Genelkurmay 2. Başkanı Necdet Öztorun sizi istiyor' dediler. *'Olur efendim'* dedim. Genelkurmay gitmediğim yer değil ki. O günlerde çok gidiyorduk Genelkurmay'a.

Savcı Yardımcısı Erkan Başeren'e telefon ettim: *'Erkan sabah bana gel, Genelkurmaya beraber gidelim.' 'Olur abi'* dedi. Erkan ile beraber Genelkurmay 2. Başkanı'nın odasına girdik.

Oturur oturmaz Öztorun:

'Recep Paşa'dan öğrendim. Beyanatı kabul etmemiş. Siz de tutuklamaya iştirak etmeyecekmişsiniz' dedi.

'Evet generalim' dedim. Öztorun

'O zaman siz gözetimi uzatın, mahkemeye çıkartmayın evrakını' dedi. *'Ben size belge göndereceğim.'*

'Ben size belge göndereceğim.'

'Efendim' dedim, *'siz belgenizi gönderin, eğer belgeniz ciddi görülürse'* dedim, *'bakarız, tekrar tutuklama isteriz. Bizim usul kanunumuz müsait. Ama Ecevit bugün mutlaka mahkemeye çıkacak.'*

'Çıkmasın' dedi Öztorun. *'Niye çıkıyor efendim? Gözetime alın. Şart mı bugün mahkeme?'*

'Şart' dedim.

Ben böyle konuşunca demek ki kızdı. Bizim yanımızda Recep Ergun'a telefon etti. Bizlerin yanında böyle telefon konuşması yapması inananılmaz bir olay. Öztorun telefonu açtı, karşısına Recep ergun çıktı.

'Şimdi savcılar yanımda. Görüştüm. Muhtemelen Ecevit'i bugün mahkemeye çıkaracaklarmış. Muhtemelen de salınacakmış. Savcı tutuklanmasının zor olduğunu söyledi' dedi.

ECEVİT OLAYI

Genelkurmay 2. Başkanı Necdet Öztorun, Ankara Sıkıyönetim savcısı Nurettin Soyer ve yardımcısını odasına çağırmıştı. Soyer, ellerindeki belgelerle Ecevit hakkında dava açılamayacağını ve tutuklamaya da katılmayacaklarını belirtmişti. Bunun üzerine Öztorun, Ankara Sıkıyönetim Komutanı Recep Ergun'u telefonla aramıştı.

Soyer o anı anlatmaya şöyle devam ediyor:

"Ben '*Belge yok, bunu söyleyin lütfen*' dedim.

'*Tamam belge yok, belge vereceğiz. Savcı kabul etmiyor*' dedi Öztorun.

Öztorun, sonra Recep Paşa'ya '*Ecevit'i salmayın. Onu tekrar gözetime alın, ben size bu konuda ikinci bir evrak göndereceğim*' dedi.

Bize artık kalkmak düşmüştü. Stresli olduğum bir andı. Dün de ağır bir konuşma yaptım. Onu anlatmayacağım.

Erkan ile kalktık. Öğleyin evrakı mahkemeye gönderdik. Öğleden sonra mahkemeye çıktı Ecevit ve tahliye oldu. Ama..."

Soruyorum:

"Ecevit'i tahliye eden hakim kimdi?

SOYER- Gün Sosyal'dı."

Savcı Soyer, konuşmasını sürdürüyor.:

"2 numaralı mahkeme tahliye etti Ecevit'i. O gün Hakim Gün Sosyal Kıbrıs'a tayin oldu gitti.

Şimdi bakın, bu önemli bir baskıdır. Baskı ille de kafaya bir yumruk vurularak yapılmaz bir hakime. Bir hakim, verdiği bir karardan dolayı görevinden alınabiliyorsa, -lojmanda oturuyorsa, çocuğu varsa okulda- bu da baskıdır.

Mahkeme Ecevit için tahliye kararı vermişti. Ecevit'in koridordan alınıp gözetim yerine götürüldüğünü duydum. Zaten böyle olacağını biliyordum.

Bakalım Genelkurmay'dan Öztorun Paşa ne gibi evrak gönderecekti? Onu merak ediyordum.

İkinci gözetim ile ilgili konu da şu: Ecevit Avrupa'da görevli bir bayan gazeteciye bir mektup göndermiş. Hanım gazeteci de Ecevit'e bir mektup yazmış. Suç yok mektupta. Ben bir sivil savcıya gönderdim mektubu.

'Al şunu soruştur.'

'Neresini soruşturayım bunun' diye sordu savcı arkadaş. *'Adam gözetimde'* dedim. Takipsizlik kararı verdi, o arada Ecevit içeriye alındı. Bir uydurma mektup bulunmuş. Bu mektup savcılığın arşivinde. Hepsi bu. Bu mektupla ilgili olarak savcılığın yapacağı iş takipsizlik kararı vermek. Takipsizlik kararı verilmiş, itiraz da edilmemiş. Kesinleşti, bitti.

Bu arada gözetimin dördüncü veya beşinci günü, iki numaralı mahkemenin tahliye kararı komutanlığın itirazı üzerine, 3 numaralı mahkemeye gitti. Usulü biz böyle koymuştuk. Tutuklamayı 2 nolu mahkeme yapmadığı zaman itiraz üzerine dosya otomatikman 3 nolu mahkemeye giderdi.

Yani itiraz mahkemesi belli.

Komutanlığın itirazı geldi. Baktım içine bir belge konmuş. Belgede, Danimarkalı gazetecinin bu beyanatı almadan önce Türkiye'ye giriş yaptığı ve Ankara'ya geldiği anlaşılıyor.

Gazeteci Ankara'ya gelmişse gelmiş. Ankara'ya gelmiş olması Ecevit'ten bu beyanatı aldığını ispatlamaz ki. Bu, bir varsayımdı. Bunu ciddi bir belge olarak görmedim. Tabii, komutanın itirazıdır dedim. Mahkemeye gönderdim.

Ancak o arada, 3 numaralı mahkemenin kıdemli hakimi Ali Hüner'in o gün komutanın odasında kaldığını duyunca, bunu hukuk adına bir şanssızlık kabul ettim.

Ve dosya gitti. Yarım saat sonra dosya geldi. Ecevit tutuklanmıştı!..

Ecevit tutuklanmıştı; ama ben savcı olarak tahkikata devam ediyordum. Ama neyi tahkik edeceğim? Bir gazeteci arıyorum, takipsizlik kararı veremem. Bu gazeteciyi bulmak mecburiyetindeyim. Danimarkalı gazetecinin o sırada Falkland adasındaki İngiltere-Arjantin savaşını izlemek üzere adaya gittiğini öğren-[illegible]...

Ecevit cezaevinde yatıyor. Tutuklu. Bir aydan önce inceleme hakkımız yok. İncelesen de ne olacak? Mahkemeye çıkaracaksın, yine tutukluluk hali devam edecek. Yapacağım bir tek şey vardı: İddianameyi bir an önce yazmak. İddianameyi yazdım. Artık mahkeme ne yaparsa yapsın. 42 ya da 41 gün, aklımda öyle kalmış -bende belgeleri var-, tutuklu kaldı. Mahkemeye çıktı. İlk duruşmada savcılık olarak biz tahliyesini istedik.

Mahkeme tahliyesine karar verdi. Dava tutuksuz olarak devam etti.

Daha sonra konsolosluk aracılığı ile Danimarkalı gazetecinin ifadesini getirttik. Gazeteci şöyle diyordu ifadesinde aşağı yukarı:

'Ben Ankara'ya geldim. Ama Ecevit'ten beyanat alamadım. Ankara'da gazeteci arkadaşlarımdan duyduklarımı, Ecevit'e malederek gazetede yayınlattım.'

Bunun kabulü bir gazeteci için -mesleki açıdan- çok ağır bir olaydır. Gazetecinin ifadesi var. Konsolosluktan alınmış ifade.

Ecevit beraat etti bu davadan.

Şimdi ben burada sıkıyönetim savcısıyım. Ecevit'in bu tutukluluk nedeniyle büyük mağduriyete uğrayacağını biliyorum. Davanın beraatla sonuçlanacağı da belli, hukukçu olarak bunu anlıyorum. Sonuç da bunu gösterdi.

Ne ilgisi var Genelkurmay İkinci Başkanı'nın bu davayla? Ne diye çağırıyor beni Genelkurmay İkinci Başkanı?

Hukuk devletiyiz biz. 1402 sayılı yasa açık. Bu yasayı, bu yasanın maddelerini çok iyi biliyordu komutan. Ama Genelkurmay İkinci Başkanı'nın emriyle 1402'yi bir yana ittirip evrakını görmediği bir sanığı, telefon ile -hem de bu ülkede başbakanlık yapmış bir insanı- gözetim altına alıyordu.

Bu komutan, hukuka ne derece saygılı, ne derece değil? Bu örnekten bu konu iyice anlaşılıyor."

Evden çıkmayın emri

Nurettin Soyer, bunları anlatırken ben de Ecevit'in gözaltına alınacağı günü anımsıyordum.

Bir rastlantı... O akşam ben Ecevit'in evindeydim. Telefon çaldı. Ecevit telefon ile konuştuktan sonra, "Sıkıyönetimin bir tebliği varmış, evden çıkmayın, diye telefon ettiler" dedi.

Bir süre sonra bir binbaşı ve birkaç sivil memur birlikte gelerek emri Ecevit'e tebliğ etti. Ecevit bana "Sayın Mumcu, siz gazeteci olarak gözaltı nedenini öğrenebilir misiniz?" dedi.

Ecevit'in telefonunun dinlendiğini bildiğimiz için karşı daireye geçtik. Karşı dairede CHP eski Konya Senatörü Mukbil Abay oturuyordu. Abay'ın telefonundan sıkıyönetimdeki tanıdıklarıma telefon ettim.

Kimi sorduysam (toplantıda) yanıtını alıyordum. Adli müşavirleri, savcıları, sıkıyönetim istihbarat başkanını... Hepsi hepsi toplantıdaydılar.

Ecevit tutuklanacağını anlamıştı. O günlerde CHP için büyük bir soruşturmanın hazırlandığı da duyulmuştu. Ecevit, 'Hiç olmazsa içerde savunma hazırlarım' diye Çankaya'da kayınvalidesinin evine savunmada yararlı olacak belgeleri almaya gitti.

Döndüğünde Ecevit'in niçin gözaltına alınacağı haberini de almıştık: Danimarkalı gazetecinin yayınıydı konu.

Ecevit 'Ben böyle bir demeç vermedim' dedi. Bu kez yeniden sıkıyönetimde tanıdıkları aradım. Hiçbiri telefona çıkmıyordu.

Ecevit'in evinden gece 12'ye doğru çıktım. Sabah, yedibuçukta telefonum çaldı. Gece arayıp da bulamadığım sıkıyönetim yetkililerinden biri arıyordu, olayı anlattım. 'Ecevit böyle bir demecim olmadı, diyor. Dünya kamuoyu önünde sıkıyönetim de güç duruma düşecek' dedim. Yetkili 'Uğur bey, anlıyorum. Ama benim yapacağım bir şey yok. Emir çok yukarıdan' diyordu. Teşekkür edip telefonu kapattım.

Hemen Ecevit'i aradım. Sıkıyönetim yetkilisinin anlattıklarını Ecevit'e aktardım. Ecevit teşekkür etti, 'Demek bu yola başvuruyorlar' dedi.

O gün gözaltına alınmıştı Ecevit.

Soyer'i dinlerken bir başka anım daha belleğimde canlanmıştı...

İstanbul Sıkıyönetim Komutanlığı Askeri Savcılığı'nda CHP soruşturması başlatılmıştı. Disk davasının CHP'yi de içine alacak biçimde genişletilmesinden söz edilmekteydi. Oysa, yasa gereğince, genel merkezleri Ankara'da bulunan partiler hakkındaki soruşturma yetkisi Ankara Sıkıyönetim Savcılığı'nındı.

Aynı günlerde, İstanbul Sıkıyönetim Komutanlığı'nda bazı düşündürücü olaylar yaşanmaktaydı. Kaçakçılık soruşturması sanıklarından birinin amcasının oğlu, askerlik şubesi başkanlığından sıkıyönetim mahkemesi başkanlığına atanmıştı. Bir süre mahkeme başkanı olarak görev yapan albay, daha sonra emekliye ayrılmış ve 'mafya babaları'nın yemek yedikleri bir lokanta açmıştı.

Bu olayı duymuş, albayın bu mafya babalarından biriyle bu lokantada çekilmiş fotoğrafını ele geçirmiştik.

İstanbul'da görevli bir yüzbaşı, Fransa'dan tarak getirip satarken yakalanmış ve ifadesinde sahte pasaport ile yurtdışına girip çıktığını anlatmış. Bu arada ifadesinde eski askerlik şubesi ve sıkıyönetim mahkemesi başkanının da adı geçmişti.

Aynı albayın, bir başka kaçakçılık davasında yargıçlara etki yapmak için sık sık Selimiye'deki sıkıyönetim karargahına girip çıktığını da öğrenmiş ve emekli albayın bir kaçakçılık davasını izlerken duruşma salonunda Cumhuriyet muhabirinin çektiği fotoğrafı da elime ulaşmıştı.

Silah kaçakçılığı sanıklarından "Çayırovalı Osman" diye bilinen Osman İmamoğlu, Beykoz Kabakoz Cezaevi'nden sıkıyönetim komutanlığına başvurarak, bazı açıklamalar yapmıştı. Bu açıklamalarda bazı savcıların adları geçmişti.

Bir kaçakçı sanığın yine İstanbul'da bir sivil cezaevinde İstanbul sıkıyönetimde görevli bir hakim albay tarafından ziyaret edildiği, aynı komutanlıkta görevli bir başka hakim albay tarafından -şu anda askeri yargıtay üyesi olan bir başka askeri hakimin yanında- bana Selimiye'de yana yakıla anlatılmıştı.

Bütün bu konuları, başkaca kanıtlar ve ipuçları ile birlikte o günlerde Milli Güvenlik Konseyi Genel Sekreterliği görevine başlayan Orgeneral Necdet Üruğ'a, bir cumartesi günü parlamento binasındaki odasında uzun uzun anlatmıştım. Aynı konuları Milli Güvenlik Konseyi üyesi ve Jandarma Genel Komutanı Sedat Celasun'a da anlatmaya karar vermiştim.

GÜN SAZAK CİNAYETİ...

Sedat Celasun ile görüşmeye gitmeden önce Ecevit'i aradım. Ecevit'i akşam çayına çağırdım. O günlerde Ecevit ile sık sık görüşürdük. Ecevit geldi.

Kendisine, Celasun ile görüşmeye gideceğimi, CHP soruşturmasından da söz edeceğimi söyledim. Fikrini sordum. "Ne düşündüğünüzü öğrenmek isterim" dedim. "Memnun olacağını" söyledi.

Orgeneral Sedat Celasun ile Jandarma Genel Komutanlığı odasında üç saat görüştük. Celasun'un yanında, komutan yardımcısı Korgeneral Mehmet Kral ve Kurmay Başkanı Hulusi Sayın da vardı.

Ben, dilim döndüğü kadar, bizlere ulaşan bilgileri Celasun'a aktardım. Ben anlatıyorum; Celasun, anlattıklarımı, bir mahkemede mahkeme başkanının yaptığı gibi özetleyerek yüksek sesle yineliyor, Kurmay Başkanı Sayın da Celasun'un söylediklerini not alıyordu.

Bir ara söz, silah kaçakçısı sanıklarından "Çayırovalı Osman"ın Kabakoz cezaevinde bir deftere yazıp, sıkıyönetim komutanına ulaştırdığı geniş açıklamalarına gelmişti. Orgeneral Celasun, önündeki dosyalardan birine uzanarak "Bakın Sayın Mumcu, bizler de boş durmuyoruz" diye dosyaların arasından bir kağıt çıkartıp gösterdi.

Çayırovalı Osman'ın itiraflarında geçen askeri kişilerin adlarını taşıyordu bu liste...

Korgeneral Mehmet Kral, bu görüşmede, silah kaçakçılığının önemini vurguladı; kaçakçıların 12 Eylül döneminde emniyet genel müdürlüğünde adam bulduklarını anlattı. Bu durumdan yakınarak, adı o günlerde çok geçen bir emniyet üst yöneticisinin, ünlü bir silah kaçakçısı ile sık sık buluştuğunu söyledi.

Tümgeneral Hulusi Sayın da benim anlattıklarımı doğrulayıcı örnekler verdi.

Bütün bunlardan sonra söz, CHP soruşturmasına geldi. CHP'nin devlet kuran parti olduğunu, böyle bir parti hakkında açılacak soruşturmaların toplumda çok kalıcı yaralar açacağını anlattım.

Orgeneral Sedat Celasun şaşırmış görünüyordu. "Sayın Mumcu" dedi. "İnanın CHP hakkında dava açılacağını ilk defa sizden duyuyorum. Bazı davaların açıldığını da gazetelerden okuyorum. Bu davaları açanlar bizlerin fenalığını istiyorlar."

Sonra Celasun'a soruşturmaların terör ile sınırlı olması gerektiğini; DİSK gibi, Barış Derneği gibi davaların 12 Eylül rejimini de çıkmaza sürükleyeceğini anlatmaya çalıştım.

Kalkarken Celasun gülerek şöyle konuştu:

"Evren Paşa'ya, Mumcu gelecek, yanıma bir de askeri hakim alayım mı, diye sordum. Evran Paşa, 'Yok, Mumcu, İstanbul'daki askeri savcıları şikayete geliyor' dedi"

O günlerdeki yazılarımın bir kısmında üstü kapalı da olsa bazı askeri savcılardan söz edilmekteydi. Üstelik, Orgeneral Üruğ da kendisine sunduğumuz bilgi ve belgeleri Milli Güvenlik Konseyi'ne aktarmıştı. Konuşmanın başında Celasun "Üruğ Paşa, sizinle konuşmalarını bizlere anlatıyor" demişti.

Bu görüşmeden kısa bir süre sonraydı. İstanbul Sıkıyönetim Komutanlığı Askeri Savcısı Albay Süleyman Takkeci, Milli Savunma Bakanlığı Teftiş Kurulu'na Ankara Sıkıyönetim Komutanlığı Askeri Savcısı Nurettin Soyer de, İzmir'de Hava Kuvvetleri'nde askeri yargıç görevine gönderilecekti.

Nurettin Soyer, görev süresi içinde sağ ya da sol, birçok örgüt hakkında soruşturma yürütmüş. Dev-Yol iddianamesini de imzalamış. MHP'li Bakan Gün Sazak'ın Dev-Sol militanları tarafından öldürülmesi olayına da el koymuş...

Soyer'den Gün Sazak olayını anlatmasını istiyorum, anlatıyor:

"... Bir gece evimde telefon ile arandım. Komutan Nihat Özer generalimdi. '*Nurettin acele gel*' dedi. '*Merkez Komutanlığı'ndayım*' dedi.

Hemen Merkez Komutanlığı'na gittim. Gece saat 11 civarıydı. Nihat Özer dedi ki: '*MHP Genel Başkan Yardımcısı Gün Sazak öldürüldü.*'

'*Ne yaptınız tedbir olarak*' dedim. '*Vallahi*' dedi, '*Şu anda sağa sola bakıyoruz.*' dedi.

'*Olmaz öyle şey komutanım*' dedim. '*Çankaya ve civarını sarın... Şüpheli her evi arayacağız. Bu önemli bir olay.*'

Nihat Özer Paşa'mız hayatta... '*Tamam Nurettin*' dedi. Özer generalim. Hemen emirler verildi. Ben de hemen Gün Sazak'ın evine koştum. İlk tespitleri yapmak için. Yakalanan bazı kişiler vardı. Onların ilk sorgularını yaptım. Karakollara koştum. Sabaha kadar, oradan oraya... Polisten bir ressama katillerin resimlerini çizdirdik.

Sanıklar yakalanamadılar o gün. Pek çok ev arandı Çankaya'da. Yollar tutuldu. Gelen geçen arabalar arandı. Bütün polis alarma geçti.

Bir süre sonra emniyetten Gün Sazak'a tabanca ile ateş edenin yanında bulunan sanığın yakalandığına dair bir haber geldi.

Ve olay mahallinde polisin bir keşif yapacağını söylediler. '*Ben de bulunacağım*' dedim. Çünkü olay gecesini ben de yaşadım. Ufak ayrıntıları bile biliyordum. Gittik.

Sanık anlatmaya başladı. İşte '*şurdan geldim. Burdan kaçtım*' dedi. Bir arsa vardı olay yerinde... Cinayet günü o arsa boştu. Sanık yakalanınca, '*Ben burada bir arsadan geçtim*' dedi.

Halbuki, arsa dediği yerde, anlatım zamanında bina vardı. Ben o zaman anladım ki, çocuk cinayette bulunmuş... Yani polis korkusu ile böyle konuşmuyordu. Öyle sözler söyledi ki, ben bu sanığın olaya karıştığını anladım.

Polisler, keşiften sonra sanığı teslim ettiler. Ben savcı yardımcılarımdan Haluk Tandoğan'a -sivil savcı- evrakı verdim. Dedim ki '*Haluk, bak, ben keşifte bulundum. Bu sanığın olayda bulunduğuna dair bende kesin kanı yerleşti. Zaten çocuk söylüyor.. Aman sorguyu dikkatli yap.*'

'*Tamam abi*' dedi.

Aradan bir saat, birbuçuk saat geçti. Ben bu arada başka işlerle meşguldüm. Telefon etti Haluk.

'*Abi*' dedi, '*Bu çocuk tamamen inkar ediyor. Yok, diye... Ben keşifte söylediklerimi bakmadan imzaladım diyor... Tamamen yalandır diyor.*"

Hemen fırladım Haluk'un odasına gittim. Girdim odaya, '*Yahu evladım, sen ne yapıyorsun*' dedim. '*Sen bunları anlatmadın mı biraz evvel?*'

Önce cevap vermek istemedi. İki saat ben bu çocukla uzun uzun konuştum. '*Sen bu işte yardımcıydın. Böyle ifade verirsen asli fail durumuna düşersin*' gibi açıklamalarda bulundum.

Ondan sonra bu çocuk, bu işi nasıl yaptıklarını, nasıl ettiklerini uzun uzadıya anlattı. Nerede gizlendiklerini, ki keşifte bunları söylemişti... Bunlar sorgu tutanağına da geçti. Vuran sanığın hala firarda olduğunu, -adını hatırlamıyorum tabii- bu şahsın İstanbul'dan geldiğini, kendisinin Ankara'da görevli olduğunu ve daha ziyade 'mihmandar' durumuna girdiğini, İstanbul'dan gelen şahsa yol gösterdiğini, böyle bir görevi olduğunu, ondan sonra da kaçtıklarını ve birbirlerinden ayrıldıklarını, kendisinin Ankara'da kaldığını, öbür sanığın da İstanbul'a döndüğünü anlattı.

Bu çocuk hakkında dava açıldı. Ağır da bir ceza aldı..."

Nurettin Soyer, Gün Sazak olayını anlattıktan sonra, her insanın bir siyasi inancı olduğunu, bu inancın bu gibi işlere karıştırılmaması gerektiğini söylüyor.

"Hakimken solcu bir çocuğu mahkum etmişim. Duruşmadan çıkarken... '*Pis faşist*' diye bağırmış... Bir sağcı çocuğu mahkum etmişim. O da bu defa '*Pis komünist*', '*namussuz komünist*' diye slogan atarak çıkmış mahkeme salonundan."

Soyer, bunları anlatıyor, örnekler veriyor. "*Bunlar hukukçuluğumla ilgilidir. Hukukçuluğuma toz kondurmam. Kondurtmadım da...*"

Nurettin Soyer, komutan Ergun'un polislerle ilgili soruşturmalarda savcıların işlerine çok karıştığını, bu soruşturmaları yapan savcı yardımcılarının, cezaevi ile ilgili, polis ile ilgili dosyaları bu nedenle almak istemediklerini anlatıyor.

Buna benzer bir olayı da Soyer'e ben anlatıyorum.

Yargıtay tetkik hakimlerden Naci Ünver, sanıklara işkence yapmak suçundan Mehmet Yılmaz ve Bekir Pullu ile ilgili davaya bakmaktadır. Ama tam karar oturumuna çıkmaya hazırlandığı gün Yargıtay'daki görevine dönme kararını masasında buluyordu. Evet tam o günü.

Nurettin Soyer, önümüzdeki günlerde sıkıyönetim anılarını yazacak... Soyer'e hangi konulara değineceğini soruyorum. Birkaç olay anlatıyor. Herhalde anılar çok ilgi çekecek...

Soyer'e teşekkür ediyoruz. 12 Eylül adaletini bizlere anlattığı, olaylara ışık tuttuğu için...

Bu yazı dizisini noktalarken, şu açıklamayı da yapmak istiyorum.

Bu gibi röportajlarda genellikle iki yöntem izlenir. Birinci yöntem, konuşulanları teybe almak ve konuşmaları olduğu gibi yayımlamak... Ben bu yolu izlemedim. İkinci yolu seçtim.

İkinci yol, yapılan röportajın, gazetecinin kendi yorumu ile sunulması ve söz konusu olayların yine gazetecinin elindeki bilgi ve belgeler ile anlatılmasıdır.

Örneğin, Türkeş'in odasında bulunan "Deniz Kuvvetleri Komutanlığı ile ilgili not" ile "Hakim ve savcılar ile ilgili artı ve eksi biçimindeki değerlendirmeler", özel arşivimizde gün ışığına çıkacakları tarihi beklemekteydiler. Bu belgeler, Soyer'in anlatımlarını doğrulayıcı nitelikteydi.

Olaylara ışık tutacak belgeler, işte bu yüzden, Soyer'in anlatımları sırasında yayımlandılar. Sanırım bu belgelerin yayını, olayların daha da iyi anlaşılmasına yol açtı.

Türkeş'in odasından çıkan "artı ve eksi" işaretli askeri yargıç listesi, bu listeleri Türkeş'e ulaştıranları ilgilendiren bir konuydu. Buna benzer bir dosya, eski emniyet genel müdürlerinden Ömer Naci Bozkurt'un çantasında çıkmıştı. Eski İçişleri Bakanlarından Hasan Fehmi Güneş ile AP senatörü Bozkurt'un TBMM'deki kavgaları sırasında, Bozkurt'un çantası elinden fırlamıştı ve 12 Eylül'den hemen önceki tarihe rastlayan bu olayda ele geçen çantadan çıkan bu dosyada, vali ve emniyet müdürleri ile ilgili değerlendirmeler yer almıştı!.. Ve gerçekten, AP hükümetinin vali ve emniyet müdürü atamaları, Senatör Bozkurt'un çantasından çıkan bu dosyaya uygun olarak gerçekleşmişti.

Türkeş'in odasından çıkan askeri savcı ve yargıçlarla ilgili liste, özellikle bunalım dönemlerindeki atama işlemlerinin bakanlıklardan çok siyasal partilerde yapılan bu gibi değerlendirmeler sonucu gerçekleştiğini kanıtlamaktaydı.

Nurettin Soyer'in anlatımlarından, Ankara Sıkıyönetimi'nde bir avuç askeri yargıç ve savcının baskılara karşı direndiklerini ve "hak bildikleri" yoldan da dönmediklerini öğreniyoruz. İstanbul'da, İzmir'de, Adana'da vicdanları doğrultusunda karar veren askeri yargıçları da tanıyoruz. Ya direnemeyenler?!!!.. Ya bu gücü kendilerinde bulamayanlar?!!...

Bunlar hakkındaki yargıyı da adalet tarihine bırakıyoruz.

AÇIKLAMALAR

ECEVİT'İN AÇIKLAMASI: Evren, Ergun'un Görevden Alınmasını Önermişti

Demokratik Sol Parti Başkanı Sayın Bülent Ecevit, yazı dizisinin yayımlanan bölümü ile ilgili bir açıklama yaptı.

1974 yılında Genelkurmay yetkililerinin, Özel Harp Dairesi'nin ABD'den sağlanan bütçesindeki ödeneklerin bitmesi üzerine örtülü ödenekten para istediklerini, bunun üzerine, bu örgüt ile ilgili olarak Genelkurmay Başkanlığı'nda bir brifing düzenlettiğini açıklayarak, "1974 yılındaki bu brifingde Sayın Evren yoktu" dedi.

Ecevit 1978 yılında, Genelkurmay Başkanı Evren'den Özel Harp Dairesi'nce kullanılan silahların ordu depolarına aktarılması ve kayıtlanması isteğinde bulunduğunu; Evren'in de kendisine bu isteği yerine getireceği yolunda güvence verdiğini söyledi.

Ecevit, "Sayın Evren'in o tarihte MİT Müstaşer Yardımcısı olan Sayın Ergun'un görevinden alınması için öneride bulunduğunu ve bu önerinin kendisi tarafından geri çevrildiğini" hatırlatan sorumuzu da "Olay doğrudur. Ancak bunun için ne gerekçe ileri sürdüm, bunu bugün hatırlayamıyorum" dedi.

Bu olayları, dün açıkladığımız gibi, Sayın Ecevit'ten dinlemiş ve o gün not almıştık.

Ecevit, 1978 yılında Sarıkamış'ta birlikte yemek yerken kontrgerilla konusunun konuşulduğunu; bu arada bu örgütte görev yapan siviller hakkında komutana sorular sorduğunu, komutanın yemekte bulunan MHP ilçe başkanlarından birini göstererek "Özel Harp Dairesi'nde görev alan siviller çok vatansever insanlardır. İşte bir tanesi de bu" dediğini aktarmıştı.

Ecevit, bu örgütte görev alan askerlerden çok "sivillerden kaygı duyduğunu" da o gün anlatmıştı.

Sayın Ecevit'e yaptığı bu önemli açıklamalar nedeniyle teşekkür ederiz.

22 Eylül 1987

ÜRUĞ, 12 EYLÜL İÇİN KONUŞTU: "Sırlarımla Öleceğim"

Eski Genelkurmay Başkanı emekli Orgeneral Necdet Üruğ Ankara Sıkıyönetim Savcısı Nurettin Soyer'in açıklama yapmasını doğru bulmadığını belirterek, "Ben sırlarımla öleceğim" dedi. Üruğ, Güneydoğu'daki olaylar üzerine görüşlerini açıklarken de o bölgedeki ekonomik ve sosyal kalkınmayı gerçekleştirmedikçe şu anda alınmakta olan önlemlerin fayda etmeyeceğini söyledi.

Türkiye'nin ikinci Cumhurbaşkanı İsmet İnönü'nün doğumunun 104. yıldönümü nedeniyle İnönü'nün, İzmir'de doğduğu evde yapılan törene eski Genelkurmay Başkanı Necdet Üruğ'un yanı sıra İzmir Valisi Vecdi Gönül, Anakent Belediye Başkanı Burhan Özfatura, SHP İzmir İl Başkanı Şeref Bakşık, merkez ilçenin "atama başkanı" Hüseyin Özdilek ve eski İzmir Belediye Başkanı İhsan Alyanak da katıldı. Limonata ve pastalı küçük ikram sırasında en çok konuşulan konu İsmet İnönü'nün yaşamı değil, politika idi. Özellikle Özfatura, Bakşık ve Alyanak arasında atışma düzeyine varan konuşmaları Üruğ izlemekle yetindi. Alyanak, Üruğ'u da sohbetin içine çekmek amacıyla, kendisine bir süredir Cumhuriyet Gazetesinde yayımlanmakta olan Ankara Sıkıyönetim Savcısı Nurettin Soyer'in açıklamaları ile ilgili görüşünü sordu. Üruğ böyle bir soruyu beklemiyordu ki, bir süre durakladı. Ardından şu yanıtı verdi:

"Bazı arkadaşlar görevden alındıktan sonra politika yapıyorlar. Bana bir gazeteci arkadaş geldi. 3-4 kez görüşme isteğinde bulundu. Reddettim, hatta "Benimle görüşmezseniz işten kovulurum" dedi. Ama ben yine kabul etmedim. Balık tutarken bir fotoğrafımı çekti, o kadar. Ben öyle şeyler yapmam. Sırlarımla birlikte öleceğim."

Alyanak, "Soyer'in açıklamalarını sinir ve dehşetle okuyoruz. Sizin bu olaylardan mutlaka haberiniz vardır. Bir iki telefonla düzeltebilirdiniz" diye devam etti. Ancak Üruğ bu konuda yorum yapmadı.

Alyanak, Üruğ'a bu kez Güneydoğu'daki olaylar üzerine görüşlerini sordu. Üruğ, karşılık olarak, "O bölgeleri Türkiye'nin bir parçası olarak kabul etmek lazım. Ekonomik ve sosyal yönden kalkındırılmadıktan sonra şimdi alınan önlemler fayda etmez, sorunu çözmez" dedi.

Sohbetin daha sonraki bölümünde Anakent Belediye Başkanı Burhan Özfatura İzmir'deki "icraatını" anlattı. Alyanak sık sık Özfatura'nın sözlerini keserek karşı görüşlerini belirtti. Üruğ bu açıklamaları tepki göstermeksizin dinledi.

26 Eylül 1987

TÜRKEŞ'İN AÇIKLAMASI

Ankara Sıkıyönetim Savcısı Hakim Albay Nurettin Soyer'in, "12 Eylül Adaleti" başlıklı yazı dizimizdeki açıklamalarına, Alpaslan Türkeş bir açıklama gönderdi. Türkeş'in açıklaması aynen şöyle:

"MHP ve Ülkücü kuruluşlar davası henüz devam etmektedir. Kesin hükme ulaşmamış bir dava hakkında konuşmak veya yazı yazmak hem anayasamıza göre, hem de kanunlarımıza göre yasaktır. Fakat gazetenizde MHP ve şahsımla ilgili eski Ankara Sıkıyönetim Başsavcısı Nurettin Soyer tarafından beyanlar yayınlanmış bulunmaktadır. Bunun için aşağıdaki hususları kısaca açıklamak ihtiyacı doğmuştur.

Gazetenizin '12 Eylül adaleti' başlığı altında 21 Eylül ve 22 Eylül tarihli nüshalarında yayımlanan eski Ankara Sıkıyönetim Başsavcısı Nurettin Soyer'e ait beyanlarda MHP ve şahsımla il-gili yapılan açıklamalar tamamiyle gerçek dışıdır. MHP'de yapı-lan usulsüz ve kanunsuz aramalarda sadece 3 adet tabanca bulunmuştur. Bu tabancalardan birisi kırık, kullanılamaz halde idi. Ayrıca MHP Gençlik Kolları binasının bitişiğindeki apartmanın bahçesinde, yani MHP'ye ait bölgenin dışında 2 adet tabanca daha bulunmuş ve bu iki tabanca da MHP'ye maledilmeye çalışılmıştır. Bu tabancalar üzerinde yapılan parmak izi incelemesinde tespit edilen parmak izlerinin bir polis memuruna ait olduğu, bilirkişi raporu ile ortaya çıkmıştır. Halbuki gazetenizdeki yazı dizisinde 'tabancalar ve silahlar' bulunduğundan bahsedilmektedir. Konuyu bilmeyenler, bu sözler karşısında MHP Genel Merkezi'nde çeşitli bir çok silahlar bulunduğu kanaatine düşebilirler. Savcının ileri sürdüğü bu ifadeler gerçek dışıdır. Yukarıda açıklandığı gibi partide bulunduğu ileri sürülen silahlar, birisi kırık ve kullanılmaz halde olan 5 adet tabancadan ibarettir. Bu tabancalardan iki tanesi parti binalarında veya partiye ait alan içersinde değil, bitişikteki apartmanın tarafında bulunmuştur. Ayrıca yazıda söz konusu edilen "Türkeş'in kasasından çıkan katliam raporları" gibi hususlar tamamı ile gerçek dışıdır. Benim partide hiç bir zaman kasam olmamıştır. Rapor diye bahsedilen yazılar çeşitli kimselerden gönderilen çeşitli olaylarla ilgili kendi görüşlerini açıklayan yazılardan, ibarettir. Nurettin Soyer parti genel merkezine geldiği zaman parti Gençlik Kolları Genel Başkanı İsmet Mirzaoğlu ile parti Gençlik Kolları Yönetim Kurulu üyelerinden 5 kişi orada bulunmaktaydılar. Bunlar Usul Kanunu'nun emrettiği üzere yetkili temsilciler olarak yapılacak aramalarda bulundurulması gerken kimselerdi. Fakat Başsavcı Nurettin Soyer tarafından enterne edilerek aramalara katılmalarına imkan verilmedi. Daha sonra Emniyet Müdürlüğü'nde ifadeleri alındıktan sonra bizzat Savcı Soyer tarafından emir verilerek serbest bıraktırıldılar. Bu hususu Savcı Nurettin Soyer 17 Haziran 1982 tarihinde kendi imzası ile mahkemeye verdiği 5 sayfalık yazıda belirtmiş bulunmaktadır.

Savcı Nurettin Soyer bir kanun adamında bulunması gerekli tarafsızlık ve hukuka bağlılık vasıflarından yoksun bir kimse olarak ağır suçlar işlemiştir. Hazırlık soruşturmasını, kendisinin Mamak'ta kurduğu (C-5) denilen işkence barakasında işkenceci polislerle birlikte gözleri bağlı ağır işkenceler altında bulunan sanıkları sorgulamak suretiyle yapmış ve yürütmüştür. Bu hususu hem sanıklar mahkemede sesini tanıyarak ifade etmişler hem de savcılığın kamu tanığı olarak mahkemeye getirtip dinlettiği 40 kadar tanık mahkeme huzurunda açıklamışlardır. Bunlar duruşma tutanaklarına geçmiş bulunmaktadır. Ayrıca Nurettin Soyer Milliyet gazetesi yazarlarından Orhan Tokatlı'nın tertipleyip savcılığa gönderdiği sahte Ağca mektubundaki imzanın Mehmet Ali Ağca'ya ait olduğuna dair bilirkişilere baskı yaparak rapor temin etmiştir. Fakat daha sonra Roma'da İtalyan Savcısı, Grafitoloji Enstitüsü'nde bu mektubu inceletmiş ve imzanın Mehmet Ali Ağca'ya ait olmadığını tesbit ettirmiştir. Nurettin Soyer ağır insanlık suçu işlemiş, sahteciliğe başvurmuş, çok marifetleri olan bir insandır. Marifetlerinden birisi de Cumhuriyet Halk Partisi eski senatörü Niyazi Ünsal'ı MHP senatörü göstererek onun mektuplarındaki suçları ileri sürüp idam edilmemizi talep etmesidir. Hukuka ve gerçeklere aykırı daha birçok konular vardır. Gerekirse başka açıklamalar da yapılacaktır.

Bu mektubumun sayın gazetenizin söz konusu yazıların çıktığı sütunlarda yayımlanmasını rica eder, saygılar sunarım.

Alparslan Türkeş

3 Ekim 1987

SOYER'İN TÜRKEŞ'E YANITI

Sayın Uğur Mumcu,

Gazetenizde yayınlanan "12 Eylül Adaleti" başlıklı yazılar nedeniyle MHP Genel Başkanı Alpaslan Türkeş'in açıklamaları gerçeklerle bağdaşmamaktadır.

MHP'nin ilk aranması sizin de açıkladığınız gibi Ankara Sıkıyönetim Komutanlığı emrinde görev yapan Bolu Komando Tugayı 4. Tb.'da görevli komando yüzbaşısı Serdar Akyazan emrindeki askeri tim tarafından gerçekleştirilmiştir.

Bu konu, Sıkıyönetim Komutanlığı Askeri Savcılığı'nın mahkemeye sunduğu 29 Nisan 1986 tarihli esas hakkındaki mütalaasında kesin olarak belirtilmiştir. Aynı mütalaanın 2 ve 6'ıncı sayfalarında 12 Eylül 1980 tarihi ve onu takip eden günlerde askeri savcılıkça Bahçelievler 3. Cadde'de bulunan 43-45 nolu binalarda yapılan aramalarda 9 mm. çapında C-37379 nolu Browning marka (14lü cinsten), 1 adet 6.35 mm. çapında 369676 nolu tabanca, üzerinde "Mauser Werke Ag Poelndergen" yazılı tabanca, 7.65 çapında 7385235 nolu Kırıkkale yapısı tabanca, 11 adet 9 mm. çapında Smith-Wesson marka tabanca, 1 adet 7.65 mm. çapında 8888 nolu tabanca, 1 adet 6.35mm. çapında 20345 nolu tabanca, 372 adet mermi, arama tutanaklarında belirtilen miktarda patlayıcı madde, 3 adet peruk, bir kutu silah yağı, çeşitli tıbbi malzemeler bulunmuştur.

Görüldüğü gibi benim sıkıyönetimden ayrılmamdan dört yıl sonra iki asker savcı, iki Cumhuriyet savcısı tarafından hazırlanıp mahkemeye sunulan mütalaada toplam olarak 7 adet tabanca ve 372 tane mermi ele geçtiği belirtilmektedir.

Mütalaanın 11'inci sayfasında, aramalarda bulunması için bina görevlisi Hasan Kozan vasıtası ile parti muhasibi Mehmet Doğan'ın evinden telefon ile çağrıldığı, ilgilinin gelmemesi üzerine Hasan Kozan aramada (hazırun) olarak bulundurulduğu yazılmaktadır.

12 Eylül gecesi binada yakalanan kişiler, gençlik kollarında görevli oldukları bilinmediği için serbest bırakılmışlardır. Bu kişiler arasında gençlik kolları genel başkanının da olduğu bilinseydi, hiç şüphesiz bu kişi bırakılmayacaktı.

M. Ali Ağca ile ilgili, bir gazetecinin getirdiği mektubun ciddi olup olmadığının tespiti için Ağca'nın İstanbul Sıkıtönetim'de bu-

lunan "tatbik imzalarını" getirtip önce Ankara Polis Enstitüsü'nde incelettik. Emniyet Genel Müdürlüğü Polis Laboratuvarlar Dairesi 23 Eylül 1981 gün ve 2263 sayılı genel işlem ve 1981/561 uzmanlık sayılı ekspertiz raporu verdi. Bu raporda, Ağca'dan Türkeş'e gönderildiği ileri sürülen mektupla "Ağca'nın mukayese yazıları arasında her yönden uygunluk bulunduğu, belgedeki yazıların tümünün M. Ali Ağca tarafından yazıldığı anlaşılmıştır" denilmektedir.

Askeri Savcılık olarak bununla da yetinmedik. İstanbul Devlet Tatbiki Güzel Sanatlar Bölümü Başkanlığı'na başvurarak mektubu incelettik.

Anılan bölüm başkanlığında görevli bir öğretim üyesi ve yardımcısının hazırladıkları raporda da "adı geçen fotokopideki yazıların ve imzanın Ağca'ya ait olduğu" sonucuna varılmıştır.

CHP Senatörü Niyazi Ünsal'ın "MHP senatörü" olarak iddianameye geçmesi bir maddi hata olup iddianamenin duruşmada okunması sırasında bu husus tarafımdan düzeltilmiştir.

Saygılarla.

Nurettin Soyer

3 Ekim 1987

MUMCU' NUN TÜRKEŞ' E YANITI

MHP Genel Başkanı Alpaslan Türkeş'in mektubunun başında MHP davasının henüz kesin hükme bağlanmadığı (belirtilerek), bu yüzden "kesin hükme bağlanmamış bir dava hakkında konuşmak veya yazı yazmak hem anayasamıza göre, hem de kanunlarımıza göre yasaktır" denilmektedir.

1. Anayasanın 138'inci maddesinde "görülmekte olan bir dava hakkında" TBMM'nde, "yargı yetkisinin kullanılması ile ilgili" herhangi bir soru sorulamayacağı, görüşme yapılamayacağı ve beyanda bulunulamayacağı belirtilmektedir. Söz konusu yasaklar, TBMM'ni ilgilendirmektedir.

2. Anayasa'nın 28'inci maddesinde "yargılama görevinin amacına uygun olarak yerine getirilmesi için kanunla belirtilecek sınırlar içinde, hakim tarafından verilen kararlar saklı

kalmak üzere, olaylar hakkında yayın yasağı konulamaz" denilmektedir.

Yayına konu olan olaylar hakkında herhangi bir yayın yasağı yoktur.

3. Basın Yasası'nın 30'uncu maddesi "ceza kovuşturmasının başlamasıyla hüküm kesinleşinceye kadar hakim ve mahkemenin hüküm, karar ve işlemleri hakkında mütalaa yayımlamak yasaktır" biçimindedir.

Yazı dizimizde, MHP davası ile ilgili "hakim ve mahkeme kararları ve işlemleri" hakkında bir "mütalaa" yayınlanmamıştır.

4. Türkeş'in açıklamasında ileri sürdüğü savlar, mahkemede geniş biçimde tartışılmış, ayrıca avukatları Şahap Homris ve Kaya Alpkartal'ın aynı konularda savcı Soyer hakkındaki suç duyurularını içeren 21.11.1980 tarihli dilekçeleri Milli Savunma Bakanlığı'nca incelenmiş ve ilgili bakanlık "şikayeti muhtevi evrakın işlemden kaldırılması"na karar vermiştir.

Okurlarımıza saygı ile sunulur.

Uğur Mumcu

3 Ekim 1987

ERGUN' UN AÇIKLAMASI

Ankara Sıkıyönetim Savcısı Hakim Albay Nurettin Soyer'in önceki gün sona eren "12 Eylül Adeleti" başlıklı yazı dizimizdeki açıklamalarına emekli Orgeneral Recep Ergun bir açıklama gönderdi.

Ergun'un açıklaması aynen şöyle:

"Baştan başa gerçeklere aykırı ve hayal mahsulü iddiaları, iftiraları ve bunlara dayalı yorumları içeren neşriyatınıza (iddia sahibinin sıkıcı anlatımına uymamak düşüncesiyle) cevabım kısadır.

Bu savcının bir dönemde ülkeyi felaketlerden korumak için yapılan hizmetleri ve adalet mercilerinin kararlarını gölgelemeyi amaçlayan açıklamalarına malzeme vermemek için, iddiaların tümünü çürütecek olan önemli gerçekleri vurgulamakla yetiniyorum.

Yüce Türk milleti çok iyi bilir ki, Türk ulusu adına adalet dağıtmaya yetkili tek merci mahkemelerdir. Sıkıyönetim komutanları, usul kanunları hükümlerince mahkemelere emir vermek veya müdahale etmek yetkisinde değillerdir. Esasen şerefli Türk hakimleri buna müsaade etmezler ve görevim süresince böyle bir örnek görülmemiştir. Usul kanunları, komutan ile mahkeme heyetlerini kesinlikle birbirlerinden ayırmıştır. Komutanlar ve onlara bağlı kolluk kuvvetleri sadece sanıkları bulmak ve suç delilleriyle birlikte bir tezkereyle savcılara teslim etmekle görevlendirilmişlerdir. Bu sevk işlemi sonunda savcılar ya soruşturma açarlar veya tahkikata mahal görmeyip dosyayı kaldırırlar. Bunun binlerce örneği görülmüştür. Bu savcının kendi oğluna yaptığı gibi...

Yukarıda belirttiğim kayıt ve şartlar içinde yüzlerce savcı ve hakimle mesai temasım olmuştur. Beni ve iddia sahibini onlar çok iyi tanırlar. Benim hiç ayırım yapmadan olaylar ve suçlular üzerine müsamahasız gidişimi herkes bilir. İddia sahibinin ise ne derece usulsüz tavır ve teşebbüsleri olduğunu da çok iyi hatırlarlar.

Bu savcı müteaddit kereler beni bu sorumsuz hareketlerine ısrarla alet etmek istediğinde, karşı koydum. Bizzat kendisi açıkladığı için üç örneğini cevaplıyorum:

1. 12 Eylül sabahı Milli Güvenlik Konseyi tebliğleri gereği faaliyetleri durdurulan siyasi partilerin ve derneklerin kapıları mühürlenirken, savcı kendiliğinden bir siyasi partinin genel merkezinde arama yapmıştır. Komutanlık 12 Eylül günü ve devamında bir ay sürece hiçbir savcıya, polise ve askeri birliğe (arama) görevi vermemiştir. Hele siyasi partilere ait işlemler için mevcut yasalar sadece Cumhuriyet Başsavcısı'na yetki tanıdığından, böyle bir işlem yasal olarak da mümkün değildi. 1402 sayılı sıkıyönetim yasasına 8.10.1980 gün ve 2310 sayılı yasayla getirilen ek yetkilerden sonra siyasi parti binaları aranmıştır.

Savcının 12 Eylül gününe ait iddiaları işte bu nedenle asıl ve esastan uzaktır.

2. Bir başka siyasi partinin üyelerini mahkeme tahliye ettiğinde, savcı benden yeniden tedbir koymamı talep etmiştir. Açıkça belirttiğim gibi ben mahkeme değildim; üst mahkeme hele hiç değildim. Talebi hayretle karşıladım ve reddettim.

3. Sayın Ecevit hakkında savcının soruşturmaya başladığı tarihlerde görevde değildim. Yerime başka bir komutan vekalet ediyordu. Gazetenizin manşetinde yer alan görüşmelerin vukuu mümkün değildi.

Kamuoyuna saygı ile arz ederim.

4 Ekim 1987

ÜNSAL'IN TÜRKEŞ'E YANITI

Sayın Uğur Mumcu,

12 Eylül Adaleti başlıklı dizi yazınıza bir açıklama gönderen Alpaslan Türkeş, açıklamasının son bölümünde "Soyer'in mari-fetlerinden biri de CHP eski senatörlerinden Niyazi Ünsal'ı MHP senatörü olarak gösterip onun mektuplarındaki suçları ileri sürerek idamımızı istemesidir" demektir.

Benim konu edilen mektubumda hiçbir suç unsuru yoktur. Ben MHP militanlarının seçim çevremde yaptığı saldırıları, baskıları, insanlık dışı davranışları bir eğitimciye anlatıyorum. Bunlara uyan, katılan ve destekleyenleri kınıyorum. Bunlarla her zaman ve her yerde mücadele edeceğimi yazıyorum. İsterlerse mektubun tam metnini de yayımlatabiliriz.

Bu işlemde bir suç varsa o da; anayasanın güvencesi altında bulunan haberleşme özgürlüğünün Türkeş tarafından çiğnenmesidir. Benim İlköğretim Müdürü Arif Tekin'e yazdığım özel mektup Arif Tekin'in eline geçmeden MHP militanlarının eline geçmiş, oradan da Türkeş'e ulaşmıştır. Bu durum o zaman Vali Mehmet Şahin ve emniyet müdürü tarafından tutanaklarla saptandı. Bu tarihte kendileri başbakan yardımcısı idi. Söylerler mi, benim mektubumu nereden aldılar? Nasıl ele geçirdiler? Benim mektubum öyle ya da böyle Türkeş'in gizli kasasında veya masasında ne geziyordu?

O zaman başbakan yardımcısı olarak suç işleteceksin, suç işleyeceksin, haberleşme özgürlüğünü ortadan kaldıracaksın, şimdi de suçu başkalarına yıkmaya çalışacaksın... Tam Türkeş'lik bir iş bu!..

Açıklamanın aynı yerde yayımlanmasını diliyorum.

3.10.1987

Niyazi Ünsal
CHP Erzincan eski Senatörü

SOYER'İN ERGUN'A YANITI

Ankara Sıkıyönetim Komutanı Recep Ergun'un "12 Eylül Adaeti" başlıklı yazı dizimizde yer alan iddialara ilişkin gönderdiği açıklamaya, Ankara Sıkıyönetim Savcısı Hakim Albay Nurettin Soyer bir yanıt yazısı gönderdi.

Soyer'in açıklaması aynen şöyle:

Sayın Uğur Mumcu, bir süre önce Milliyet gazetesinde beyanat vererek siyasete atılmak istediğini belirten eski Ankara Sıkıyönetim Komutanı Recep Ergun'un anlatımlarında, hukuka çok saygılıyım, şeklinde beyanları üzerine sizinle söyleşi yapmış ve bu şahsın hak ve hukukla ilgisinin bulunmadığını üzülerek de olsa açıklamıştım. Açıklamalarım, gazetenizde yayımlanırken, Türkiye gazetesinde şahsımı hedef alan, tamamen uydurma iddiaları çıktı. Bu defa gazetenize yolladığı açıklamada ise eski üç siyasi parti liderleri ile ilgili yapılan soruşturmalara ait anlatımlarıma da tamamen mesnetsiz ve asılsız cevaplar vermiştir.

Siyasete atılırken eski siyasi parti mensuplarına hoş görünme gayretinde bulunan bu şahsın, hiç çekinmeden imzası bulunan yazıları inkar etmesi; beni karalamak için 41 savcı yardımcısını yok farz etmesi ve hatta "Albay kim oluyormuş, ben o şahsı üç yıl içinde iki üç kere gördüm. Kendisini tanımam" diyebilmesi karşısında eski bir Silahlı Kuvvetler mensubu olarak yüzümün kızardığını belirtmek isterim. Milletvekili olabilmek için bu hale düşen bir kişinin, şahsımı hedef alan karalamalarına aile fertlerimi de sokmaya çalışması ise gayeye varmada her şeyi meşru gören düşünce mahsulü olduğunu ortaya çıkarmaktadır. Bu şahsa cevap vermeme kanısındayım. Ancak Cumhuriyet okurlarını aydınlatmanın gereğine inandığım için bu açıklamayı size sunuyorum.

1) 12 Eylül'den sonra siyasi parti merkezlerine bir ay süreyle arama için emir vermediğini söyleyen bu kişinin kendi imzası bulunan 14.9.1980 gün AD-Müş. 1980-5100 sayı ve aramalar konusunda Genelkurmay ve Milli Güvenlik Konseyi Başkanlığı'na başlığıyla gönderdiği yazıyı size sunmakla yetineceğim.

2) Milli Selamet Partisi yöneticilerinin tutuklanmaması üzerine, savcı olarak mahkeme kararına itiraz edeceğimi, kendilerinin de komutanlık olarak mahkeme kararına itiraz etmelerinin 12 Eylül'ün ruhuna ve o güne kadar yapılan tatbikatlara uygun düşeceğini belirttiğimde, "Hayır efendim" diyerek teklifimi kabul etmedi. Ancak mahkeme, savcılığın itirazını yerinde bularak tutuklama kararı vermiş idi.

3) Ecevit'in tekrar gözetime alınması olayının iki tanığı da hayattadır. Ben Ankara'da değildim, şeklindeki beyanı kesinlikle doğru değildir.

4) Ben sadece, bazı konularda uzman olduğu anlaşılan Ergun'un, hukuk dışı işlemleriyle ilgili bir kısım gerçekleri belirtmiştim. Ama aile fertlerimi de tartışma içine çekme tehdidine de gülüp geçtiğimi, Ankara Tıp Fakültesi Dekanı Celal Sungur ile olan ilişkilerinin nedenlerini bile sormaya lüzum görmediğimi belirtmekle yetineceğim.

Sıkıyönetim Komutanlığı Askeri Savcılığı'nda 12 Eylül'den sonra 26'sı sivil, 16'sı asker 42 savcı görev yaptı. Sırf beni karalamak için 41 savcı arkadaşı yok farz etmesi, hatta savcılığın sadece sağ örgütler üzerine gittiğini belirtmesi, utanç verici bir açıklamadır. İki yıl süre ile her gün yüz yüze veya telefonla görüştüğüm Recep Ergun'un ve yandaşlarının iddialarını ciddiye almamam gerektiğine inanmış bulunuyorum.

Saygılarımla.

Not: *Recep Ergun'un, oğlumla ilgili bir soruşturma dosyasını ortadan kaldırdığıma dair iddiası, tamamen yalandır. Bunu ispat edemediği takdirde kendisini şerefsizlikle itham edeceğimin bilinmesini isterim.*

5 Ekim 1987

ALPASLAN TÜRKEŞ'İN NURETTİN SOYER'E YANITI

Eski Ankara Sıkıyönetim Savcısı Nurettin Soyer'in "12 Eylül Adaleti" başlığı altında Cumhuriyet'te yaptığı yayınlarda, evvel-ce olduğu gibi gerçek dışı beyanları devam etmektedir.

6 savcı ile, aramaya katılmış bulunan polisler tarafından imzalanmış tutanaklar, mahkeme dosyalarında bulunmaktadır. Savcı Nurettin Soyer'in açıklamaları bu tutanaklara hiç uymamaktadır. Duruşmalar sırasında da belirttiğim gibi, ya bu tutanaklar gerçek dışıdır. Yahut Nurettin Soyer'in sözleri gerçek dışıdır. Nurettin Soyer, tarafsızlıktan uzak, önyargılı olarak bizi ve bizim temsil ettiğimiz siyasi görüşü hedef almıştır. O'nun gözünde kendisinden farklı düşünce sahibi olmak suçtur. Bunun için, hiçbir suç teşkil etmeyen belgeleri, suç belgesi olarak göstermektedir.

Mesela, bunlardan biri, Deniz Kuvvetleri Komutanlığı hakkındaki belgedir. Bu belge, Deniz Kuvvetleri Komutanlığı ile ilgili gö-

rev değişikliği ve tayinler hakkında bana verilmiş olan bir nottur. Soyer, bu notu suç belgesi olarak göstermektedir. Demokrasi ile idare edilen bir ülkede her vatandaş, silahlı kuvvetler de dahil, devletin her şeyiyle ilgilenmek hakkına sahiptir. Halbuki, ben 16 sene milletvekilliği yapmış bir kimseyim. Ayrıca 1979'da kurulmuş olan Demirel hükümetinin 12 Eylül'e kadar koalisyon ortağı olmuş olan MHP'nin Genel Başkanıyım. Bu sıfatlarım ve yetkilerimle bana denizci arkadaşlar tarafından verilmiş olan notu Başbakan'a takdim ederek durum hakkında bilgi verdim. Ancak, yayımlanmış olan notta bir yanlışlık vardır. O sıralarda Güvenlik Kurulu Genel Sekreteri bulunan Sayın Oramiral Arif Akdoğanlar'ın emekliye sevki söz konusu edilmemiştir. Bulunduğu görevde en az daha bir yıl devam etmesinin mümkün olacağı öngörülmüştür. Bu belgenin hiçbir suçla veya gayri meşru faaliyetle ilgisi yoktur.

Bunun gibi, yayımlanmış olan hakim listeleri de aynı durumdadır. Meclisteki MHP grup odasında, 1979 yılında beni ziyaret eden askeri hakimlerden meydana gelen bir heyet, evvelki hükümet tarafından yapılmış olan askeri savcı ve hakim tayinlerinin 1402 sayılı Sıkıyönetim Kanunu'na aykırı usulle gerçekleştirildiğini söyleyerek, bunun için bu tayinlerin yeniden kanun hükümlerine uygun şekilde düzeltilmesi ricasında bulundular. Çünkü, daha önce kanuni prosedüre uygun biçimde ve konuyla ilgili görevli kişilerin katıldığı yetkili kurul tarafından hazırlanmış "gerçek" listenin bilahare yetkisiz kişilerce değiştirildiğini iddia etmekteydiler. Yine bu zevatın iddiasına göre, zamanın Milli Savunma Bakanı olan şahıs, yanına üniversiteden bir profesörü, bir de askeri yargıcı alarak listeler üzerinde köklü değişiklikler yapıp; yine kendi yazdıkları bir metni Bakanlar Kurulu kararnamesine bir ek halinde iliştirerek kararnameyi yürürlüğe sokmuşlardı. Halbuki, prosedüre göre, bu listenin Bakanlar Kurulu kararnamesi için kullanılmakta olan kartonlara yazılarak kararnamenin öylece imzaya açılması gerekirdi. İşte, bu askeri hakim ve savcılar heyeti, yapılan davranışı doğru bulmadıklarını, bunun için de durumun yeniden ele alınıp değerlendirilmesi gerektiğini söylüyorlardı. Bu arada, bir kısım askeri hakim ve savcının yer aldığı ve artı-eksi işaretlenmiş bir listeyi de verdiler. Listedeki artı işaretleri antikomünist, eksi işaretleri solcu anlamında kullanılmıştı. Yani, bu işaretleme benim tarafımdan yapılmış değildir, bahis konusu heyetçe yapılmıştır.

Bu belgenin hiçbir suçla ve illegal bir faaliyetle ilgisi olmamasına rağmen, Savcı Soyer, sırf sansasyon ve kamuoyunu aldatma maksadıyla bu belgeyi de büyük bir suç unsuru gibi piyasaya sürmüştür. Savcı Nurettin Soyer, Cumhuriyet gazetesinde benim mektubuma verdiği cevapta "12 Eylül gecesi binada yakalanan kişilerin gençlik kollarında görevli olduklarını bilmediği için serbest bırakıldıklarını" ifade etmektedir. Bu sözleriyle de kendi kendisini ele vermektedir. Hem, MHP Genel Merkez binalarında silahlar bulunduğu ve arama yapılması için emir aldığını belirtiyor hem de orada bulunan kimselere "siz kimsiniz, burada işiniz nedir?.." diye sormadan hepsini serbest bıraktırıyor. Bu nasıl savcı?.. Bu nasıl görev anlayışı?.. Konuyu kamuoyunun takdirine bırakıyorum.

Ayrıca, açıklamalarında partinin odacısı Hasan Kozan'la Parti Genel Muhasibi Mehmet Doğan'a haber verilerek çağrılmasını istediğini, fakat Mehmet Doğan'ın aramaya katılmadığını ifade ediyor. Halbuki, kendisi gerçekten bir parti yetkilisinin aramada bulunmasını isteseydi, bir sıkıyönetim görevlisini resmi bir araçla göndererek parti yöneticilerinden hangisini isterse veya hepsini birden arama yerine getirtebilirdi. Çünkü, sokağa çıkma yasağı ilan edilmiş olduğu için ve hele bir odacının telefonuyla bir yetkilinin kendi başına evinden çıkıp genel merkez binasına gelmesinin mümkün olamayacağını Nurettin Soyer'in düşünememesi kabul edilemez.

CHP eski Senatörü Niyazi Ünsal'ın MHP senatörü gösterilmesi hususu iddianamenin 206. sayfasında yer almıştır. Nurettin Soyer, bunun maddi hata neticesi meydana geldiğini söylüyor. Çok doğrudur. Zaten hazırladığı iddianamenin tamamı baştan aşağı maddi hata doludur. Mahkemede iddianameyi okurken bu bölüme geldiğinde, işlemiş olduğu büyük hataya orada da işaret etmiştim. Bunun üzerine Savcı Soyer söz alarak, politikacılığı küçümser bir eda ile, "Ne yapalım biz politikacı değiliz, Niyazi Ünsal'ın CHP senatörü olduğunu ne bilelim, biz O'nu MHP senatörü zannetmiştik" diye cevap vermiş, bu cevabı da tutanaklara geçmiştir. Biz de kendisine, iddianameyi havaya kaldırarak, "Siz burada 219 kişinin kellesini istiyorsunuz. Bu şekilde nasıl konuşabiliyorsunuz!? İşte özrü kabahatinden büyük buna derler" diye cevap vermiştik...

Nurettin Soyer, çarşılarda serbestçe satılan bir radyoyu bile, garazkârlığı ve önyargısı yüzünden büyük bir telsiz olarak zikret-

miş ve bu telsizle bizim, Emniyet Genel Müdürlüğü, MİT Müsteşarlığı, Genelkurmay Başkanlığı, Devlet Hava Yolları telsiz çevrimlerini dinlediğimizi ifade etmiştir. Avukatlarımız aracılığıyla çarşıdan aynı radyoyu satın aldırarak faturasıyla birlikte getirip mahkemeye teslim ettirdik. Nurettin Soyer'in "telsiz" dediği cihaz mahkeme tarafından bilirkişilere incelettirildi. Bilirkişiler raporda bu cihazın her yerde satılan bir radyo olduğunu bildirdiler. Daha ne diyelim ki?..

Nurettin Soyer, bu kafa yapısı, bu adalet anlayışı ve icraatıyla dünya adalet tarihine geçecek bir insandır. Davayı takibe gelen Pa-ris Barosu avukatlarına sorulur, "Bu davaya niye bu kadar ilgi duymaktasınız" diye. Cevap çok ilgi çekici ve manidardır. Fransız avukatlar "219 idam talebi Nürnberg duruşmalarında bile istenmedi. Nasıl ilgi duymayız" derler.

Evet, Nurettin Soyer, davanın başında 219 idam istemiştir. Netice ortadadır. Dünyanın en çok yanılan iddia makamı da kendisidir. Ne yazık ki, bu tip yanılmalar, geri dönülmez ve onarılmaz yaralar açmaktadır.

Saygılarımla.

7 Ekim 1987

TÜRKEŞ'İN ÜNSAL'A YANITI

Eski CHP Erzincan Senatörü Niyazi Ünsal, sayın gazetenizde bazı açıklamalarda bulunmuştur. Bu açıklamaların adresi yanlış seçilmiştir. Çünkü ben onun mektubunun suç teşkil edip etmediği şeklinde bir iddiada bulunmuş değilim. Ama Ankara Sıkıyönetim Savcısı Nurettin Soyer, hazırladığı idianamenin 206. sayfasının 4. paragrafında aynen şunları yazmış bulunmaktadır:

"MHP eski Senatörü Niyazi Ünsal'ın 26.11.1977 tarihinde Arif Tekin'e gönderdiği ve 011 klasöründe yer alan mektuptaki:

'Hapisten çıkardığımız adamlar yanımıza gelmeye çekiniyorlar. 6 ayı 1 gün geçen ceza alan adamlar devlet hizmetinde kalamazken ben, 15 yıl ceza alanı, 4-5 sene ceza alanı öğretmen yaptırdım' cümlesi, yasa dışı ve ürpertici çabalarını hiç bir açıklamaya gerek kalmayacak şekilde tüm çıplaklığıyla gözler önüne sermektedir. görüldüğü gibi suçlama eski Sıkıyönetim Savcısı Nurettin Soyer'e aittir.

Niyazi Ünsal'ın "anayasa güvencesi altında bulunan haberleşme özgürlüğünün tarafımdan çiğnendiği" yolundaki sözleri tamamıyla gerçek dışıdır. Benim masamda bulunan yazı, Ünsal'ın mektubunun fotokopisidir ve bana kimin tarafından gönderilmiş olduğu belli değildir. Bu belgenin MHP militanlarının eline geçerek oradan da bana "ulaşmış olması" iddiası da gerçek dışıdır. Benim hatırımda kaldığına görc bu mcktup fotokopilerinden başka partilere, gönderen belirtilmeksizin fotokopiler dağıtılmıştır.

Madem ki, ileri sürdüğü gibi bu suçu işleyenler tutanaklarla o zaman Erzincan ili yöneticileri tarafından tespit edilmişti, acaba niçin haklarında yasal kovuşturma açılmadı? Siyasi partilere her zaman bir çok kimselerden imzalı veya imzasız mektuplar, bildiriler, raporlar gönderilir. Daha önceki mektubumda açıkladığım gibi MHP'de benim kullandığım bir kasa mevcut olmamıştır. Çalışma masamın üzerinde veya çekmecelerimde belgeler bulunmuş olabilir. Söz konusu edilen mektup fotokopisi de yazıldığı tarihten, sanıyorum 5-6 ay sonra bana gönderilmiş bulunmaktadır.

Bu açıklamanın aynı sütunda yayınlanmasını rica eder, saygılar sunarım.

7 Ekim 1987

UĞUR MUMCU'NUN, ALPASLAN TÜRKEŞ'E YANITI

MÇP Genel Başkanı Alpaslan Türkeş'in eski Ankara Sıkıyönetim Savcısı Nurettin Soyer'e verdiği yanıtı ve Sıkıyönetim Komutanı Ergun'un açıklamalarını okudunuz.

Türkeş'in bu yeni mektubu ile ilgili herhangi bir açıklama yapıp yapmayacağını sorduğumuz Soyer, "MHP davasının bir siyasal düşünceye değil, eylemlere dayanarak açıldığını, Türkeş'in yanıtında yer alan iddiaların mahkemede tartışılarak çürütüldüğünü; bu konulardaki kararın artık Askeri Yargıtay'ca verileceğini" bildirerek, "Türkeş'e bu nedenlerle yanıt vermeyi gerekli görmüyorum" dedi.

Türkeş'in yanıtında yer alan bazı konular ile komutan Ergun'un açıklamalarını kısaca da olsa yanıtlama gereğini duyuyorum. Çünkü, Türkeş'in yanıtında yer alan "Deniz Kuvvetleri

Komutanlığı atanma işlemi" ve "askeri yargıç değerlendirilmeleri" ile ilgili belgeleri -yazı dizisinde açıklandığı gibi- yayımlayan Savcı Soyer değil, benim.

1- Bu iki konu, MHP ve yan kuruluşları ile ilgili iddianamede yer almamıştır. Askeri savcı, demek ki bu belgelerde suç öğesi görmemiş; bu nedenle belgelere iddianamede yer verilmemiştir.

Bu belgeler, Soyer ile konuşmamızdan birkaç yıl önce bir araştırma sırasında bulunmuş ve özel arşivime konulmuştu.

2- Deniz Kuvvetleri Komutanlığı'na Nejat Tümer'in getirilmesi ile ilgili not, Türkeş'in "denizci arkadaşları" tarafından verilmiştir. Tükeş'in "denizci arkadaşları" tarafından istenen bu atama gerçekleşmiş; Nejat Tümer, Oramiral Arif Akdoğanlar'ın yerine kuvvet komutanlığına atanmıştır. Bu yolla kuvvet komutanlığına getirilen Tümer, daha sonra Milli Güvenlik Konseyi'nde yer almıştır.

Soyer'in iddianamesinde yer vermediği bu belge, ilerde 12 Eylül askeri darbesini araştıracak tarihçilere ışık tutması amacıyla yayımlanmıştır.

3- Askeri yargıçlar ile ilgili değerlendirmeleri içeren not, özel arşivimde, yayımlanacağı günü beklemekteydi. Bu belgeyi bana veren ve yayınını isteyen Soyer değildir. Soyer'in anlatımlarını doğrulayan bu belge, askeri yargıçlar üzerindeki baskı ve kayırma nedenlerini açıklamak amacıyla, yine tarafımdan yayımlanmıştır.

Askeri yargıçlar ile ilgili "eksi ve artı" notları içeren belgenin yayımı üzerine Savcı Soyer'in, "Görevde bulunan arkadaşlar bu yayımdan incindiler" dediğini de burada kaydetmek isterim.

Savcı Soyer'in bu kaygılarını bildirmesi üzerine, amacımızın, görevde bulunan askeri yargıçları incitmek olmadığını, tersine yaşanan önemli bir tarih kesitinde askeri yargıçlar üzerindeki baskıları açıklamak için bu belgeyi yayımladığımı anlatmıştım.

Yeri gelmişken bu olayı da böylece açıklamaya gerek görüyorum.

4- Türkeş, Askeri Savcı Nurettin Soyer'e 19 Şubat 1981 günü verdiği ifadenin 6. sayfasında, "Benim Almanya'da hiçbir şekilde şahsi hesabım yoktur" demiş; ancak Federal Almanya'da BFK Bank für Gemeinwirtschaft-knto:10243246 Blz. 37010111 5 Köln 50 sayılı hesabı olduğu, bu hesaptan Enver Altaylı'ya para verdiği de anlaşılmıştır.

Bunun gibi daha bir çok konu -CIA görevlisi Ruzi Nazar, Enver Altaylı ve Alman istihbarat görevlisi Dr. Kannap'ın ilişkileri- ilerde elbette aydınlanacaktır.

5- MHP Genel Merkezi, ilk kez 12 Eylül gecesi, Ankara Sıkıyönetim Komutanlığı'na bağlı Komando Yüzbaşı Serdar Akyazan komutasındaki bir askeri birlik tarafından aranmıştır. Savcı Nurettin Soyer, 12 Eylül sabahı , saat 7 sularında MHP Genel Merkezi'ne gitmiştir. MHP Genel Merkezi'nin arama emrinin Sıkıyönetim Komutanı Recep Ergun tarafından verildiği, Ergun'un Milli Güvenlik Konseyi Başkanlığı'na yazdığı 14.9.1980 gün ve adli müşavirlik 1980/5100 sayılı yazıda, "MGK Başkanlığı'nın genel emirleri ve ve sıkıyönetim komutanlığının talimatı üzerine" sözcükleri ile açıklanmaktadır. Bu belgeler karşısında, gerek komutan Ergun'un gerek Türkeş'in arama emri konusunda açtıkları tartışmayı ve ileri sürmeye çalıştıkları savları anlamaya olanak yoktur.

6- Bu yazı dizisini noktalarken, komutan Ergun'un 2 Ekim günü İstanbul'daki evinde, "Murat Bayrak adını, inanın ilk defa sizin yazı dizisi sebebiyle öğrendim" yollu açıklamasını kamuoyunun bilgisine sunmakla yetiniyorum.

7 Ekim 1987

MSP DAVASININ MAHKEME BAŞKANI ALBAY ÇAĞIN: "RECEP ERGUN BASKI YAPTI"

12 eylül döneminde Ankara Sıkıyönetim Komutanlığı Askeri Mahkemesi'nde başkanlık yapan Pilot Albay Niyazi Çağın, Sıkıyönetim Komutanı Recep Ergun'un MSP davası sanıklarının salıverilme kararı üzerine mahkeme üyelerine baskı yaptığın açıkladı. Emekli olduktan sonra Suudi Arabistan'da Enka-Kutlutaş şirketlerinde sosyal işler müdürü olarak çalışan Albay Çağın, Mekke'den gönderdiği açıklamada, Recep Ergun'un, kendisine, Erbakan ve arkadaşlarının "en ağır şekilde cezalandırılmalarını" istediğini belirtti.

Albay Çağın, MSP sanıkları hakkında salıverme kararı verdikten bir süre sonra görevinden alınarak Diyarbakır'a atandığını, mahkeme üyesi Hakim Binbaşı İlhami Uğur Yılmaz'ın da Van'a gönderildiğini açıkladı.

Emekli P. Pilot Albay Niyazi Çağın'ın açıklamaları şöyle:

Sn. Mumcu,

"12 Eylül Adaleti" başlıklı yazınızı ilgi ile izledim.

Öyle önemli bir dönemde, sıkıyönetim komutanı olması, Türk adaleti için büyük şanssızlık olan, emekli General Recep Ergun'un açıklaması beni aşağıdaki satırları yazmaya mecbur etti.

Emekli General Recep Ergun, "Yüce Türk milleti, çok iyi bilir ki, Türk ulusu adına adalet dağıtmaya yetkili tek merci mahkemelerdir. Sıkıyönetim komutanları, usul kanunları hükümlerince mahkemelere emir vermek veya müdahale etmek yetkisinde değillerdir. Esasen şerefli Türk hakimleri buna müsaade etmezler ve görevim süresince böyle bir örnek görülmemiştir" diyor.

Ankara 1 Numaralı Sıkıyönetim Mahkemesi'nde MSP davasına bakan heyetin başkanı olarak üç sanık (Fehmi Cumalıoğlu, Süleyman Arif Emre ve ve Oğuzhan Asiltürk) için tahliye yönünde oy kullandım.

Dört gün sonra beni odasına çağırtarak çay ısmarladıktan sonra aramızda şu konuşma geçti:

"- Albayım! Bazı sanıkların tahliyesini istemişsiniz.

"- Evet, üç kişinin.

"- Nasıl olur? Biz sizleri, kıta subaylarını oralara bizim görüşlerimizi uygulayasınız diye tayin ediyoruz. Kesinlikle tahliye olmamalılar.

"- Kafi derecede tutuklu kalmışlar ve daha fazlası için delil yok.

"- Delil yok ne demek? Araştırın, dosyayı iyice inceleyin, çok delil bulursunuz. Ben, Nurettin ile konuşacağım, tahliye istemiyorum.

"- Komutanım, dosyayı fevkalade dikkatle inceledim, isterseniz emir verin ben heyetten çekileyim, gerekirse istirahat alma imkanlarını ararım.

"- Hayır, bu aşamada olmaz. Bir subay olarak dediklerimi düşünün, size güveniyorum, teşekkür ederim."

İki celse sonra Hakim Binbaşı İlhami Uğur Yılmaz ve benim oylarımızla bütün sanıklar tahliye edildiler. (Nitekim askeri yargıtay beraatlerine karar vermiştir.)

Kararın tefhiminden 15 dakika sonra bizleri odasına çağırtarak pürhiddet:

"- Neler oluyor Albayım? Ben sizinle nasıl konuşmuştum?

"- Efendim, meşruten tahliye göz önüne alınacak olursa verilecek ceza süresini doldurmak üzereler. Vicdani kanaatim tahliyeleri gerekir yönündedir.

"- Olur mu? Siz, iki asker, tahliye ediyorsunuz, sivil hakim muhalif kalıyor. Ben sayın devlet başkanına ne cevap vereceğim, basın ne diyecek?" dedi.

Bunun üzerine Binbaşı İlhami hiddetle, "O ne diyecek, bu ne diyecek diye düşüneceksek cüppelerimizi çıkarıp atalım" dedi, elektrikli bir hava doğmuştu.

"Buyrun" diyerek bizi dışarı çıkarttı.

Aynı gün gece yarısına doğru kolordu nöbetçi amiri evime telefon ederek "Komutan yarın saat 09.00'da sizi karagahta bekliyor" (Cumartesi olduğu için mesai yoktu) dedi.

Ertesi gün, saat tam 09.00'da odasına girdim. Türkiye'nin bir hukuk devleti olduğunu unutup, ancak omuzundaki yıldız sayısı itibariyle korgeneral olmuş bir kimse olarak beni bir saat kadar, karar safhasında sanıkların en ağır şekilde cezalandırılmaları gereğine inandırmaya çalıştı.

Düşündüğü gibi bir kararın çıkmayacağına inanmış olmalı ki iki ay sonra beni Diyarbakır'a, bir müddet sonra da Binbaşı İlhami Uğur Yılmaz'ı Van'a tayin ettiler.

Türk milleti huzurunda "ben mahkemelere müdahale etmedim, emir vermedim" diye tamamen hilafi hakikat beyanda bulunabilen bu generalin, Askeri Yargıtayın bizlerin doğrultusunda karar verdiğini duyduğu zaman renginde bir değişiklik olmadığı kanaatindeyim.

Saygılarımla.

Em. P. Albay

Niyazi Çağın

BELGELER

BELGE: I

Türkeş'in MHP genel merkezindeki odasında ele geçen bu belgeye göre Deniz Kuvvetleri Komutanlığı'na Oramiral Akdoğanlar yerine Nejat Tümer'in atanması isteniyor.

DENİZ KUVVETLERİ K.

1. Dz. K.K. Oramiral BÜLENT ULUSU
10. AĞS. 1980'de emekli oluyor.

2. [illegible] AKİF [illegible]
3 yıllık Oramiral
Koramiral iken 1 yıl Donanma K.
Oramiral " 1 " Askeri Şura Üy.
" " 2 " MGK. Gnl. Sek.
Halen MGK. Gnl. Sekreteridir.

3. ORAMİRAL NEJAT TÜMER
2 yıllık Oramiral
Koramiral iken 2 yıl Donanma K.
Oramiral " 2 " " "
Halen 4 yıllık Donanma K. dır.

İSTENEN

Halen Donanma K. bulunan Orami-
ral NEJAT TÜMER'in DENİZ K.K.
olmasıdır.

Dz.K.K.lığında 4. sırada bulunan
halen Dz.K.K. Kurmay Başkanı olan
ve terfi sırasında bulunan tek Korami-
ral NEJAT SERİM'in terfi ettirile-
rek DONANMA K.lığına getirilmesi.

NOT

1. Dz.K.K.lığı kadrosunda 2 Oramiral-
lik vardır. Bülent ULUSU nun görevi
1 yıl uzatıldığı için üst kademede denge
bozulmuştur.

2. Şayet ARİF AKDOĞANLAR Dz.K.K. yapı-
lırsa Koramiral NEJAT SERİM'in kadro-
suzluk yüzünden emekliye sevkedilme-
si gerecektir.

Çok değerli olan bu amirali böyle bir
durum olduğu takdirde emekli edilmemesi
1 yıl beklemeye alınması.

3. Oramiral NEJAT TÜMER Dz.K.K. olursa
" ARİF AKDOGANLAR otomatik-
man emekli olur. NEJAT SERİM'de oto-
matikman ORAMİRAL olur.

BELGE: 2

Ankara Sıkıyönetim Komutanı Recep Ergun, MHP'yi arama emrinin kendisi tarafından verilmediğini ileri sürüyor. Ancak altında Recep Ergun'un imzası bulunan şu belge sıkıyönetim komutanını yalanlıyor:

GİZLİ
TC.
SIKIYÖNETİM KOMUTANLIĞI
ANKARA

Ad.Mus. : 1980/5200 14.9.1980
Konu : Aramalar

Genelkurmay ve Milli Güvenlik Konseyi Başkanlığı'na
ANKARA

Milli Güvenlik Konseyi Başkanlığı'nın genel emirleri ve buna dayanılarak Ankara Sıkıyönetim Komutanlığı'nın talimatı üzerine, 12 Eylül 1980 tarihinde, Adalet Partisi, Cumhuriyet Halk Partisi, Milliyetçi Hareket Partisi ve Milli Selamet partisi ile diğer partilerin genel merkezlerinde, Sıkıyönetim Askeri Savcılığı'nın nezaretinde, güvenlik görevlilerince aramalara başlanmıştır.

Bu cümleden olarak, Milliyetçi Hareket Partisi'nin Ankara Bahçelievler semtinde bulunan genel merkezinde yapılmaya başlayan ve bu ana kadar devam eden arama esnasında, Ek: 1 listede belirtilen miktar, bomba, tabanca mermisi vesair malzeme ile, önemli nitelikte çeşitli yazılı belge ele geçirilmiştir. Bunlardan bazılarına ait fotoğraflar ekte sunulmuştur. Bu nedenle anılan siyasi partinin ilçe merkezlerinde de aramalar yapılmıştır. Bu olayla ilgili olarak, Ankara Sıkıyönetim Komutanlığı Askeri Savcılığı'nca gözetim altına alınması teklif edilen ve komutanlıkça da uygun görülen kişilere ait isim listesi Ek: 2'dedir.

Diğer partiler ile ilgili aramalar sürdürülmekte olup, sonuçlar ayrıca bildirilecektir.

Bilgilerinize arz ederim.

RECEP ERGUN
Korgeneral
Ankara, Çankırı ve Kastamonu illeri
Sıkıyönetim Komutanı

Recep Ergun, İstanbul'daki evinde Murat Bayrak adını ilk kez Cumhuriyet'teki yazı dizisinde gördüğünü; daha önce bu adı hiç duymadığını söyleyecekti. Ergun, kendi emri ile üniversite ile ilişkisi kesilen Ankara Üniversitesi SBF Öğretim üyelerinden Prof. Dr. Alpaslan Işıklı'nın "adını da ilk kez duyduğunu" sözlerine ekleyecekti.

Ergun'un, 12 Eylül öncesinde MİT öncesinde MİT müsteşar yardımcılığı görevinde de bulunduğunu kaydedersek, bütün bu untkanlıklar, sanırız, çok daha iyi yorumlanacaktır. Ne diyelim?!..

BELGE: 3

Türkeş'e Antalya Havaalanı'ndaki askeri personel ile ilgili değerlendirmeleri içeren rapor verilmiş... Türkeş, ne de olsa eski bir albay değil mi?! Raporlar herhalde bu yüzden veriliyor!

Atğm. Fahrettin [illegible] getirdi 19.4.19[illegible]

YERİ : Antalya Hava Meydan Komutanlığı

KONU : Genel İstihbarat Raporu,

[illegible]

Hava Meydan Komutanlığı 16 Subay 70 Ast.Sb. 200 Erbaş ve Erden müteşekkil yedek hava üsü olarakdan kullanılmaktadır.

Komutanlık Konya Hava Eğitim Komutanlığına bağlıdır.

16 Subaydan 8 [illegible] Subay 8 de Ast.Tğm. dir.

Subayların genel durumu :

Hava Meydan Komutanı : Kd.Plt.Alb. İlhan Akss (-)
Hizmet Muhafız Komutanı : Pyd.Yzb.Muhlis Yıldırım (-)
Levazım Komutanı : Yzb. Şevki Peköz (-)
Muhabere Komutanı : Yzb. Vedat Havzalı (-)
Personel Komutanı : Yzb. Orhan Çağlar (-)
Uçaksavar Komutanı : Yzb. Necdet Ata (-)
İkmal Hizmet Komutanı : Yzb. Hamdi Aydın (-)
Oto Kıta Komutanı : Yzb. Remzi Öner (-)
İstihkâm Komutanı : Yzb. Süleyman UĞRUŞ. (.)
Piyade Astğm. : Nurettin Başyiğit .... (+)
Uçaksavar Astğm.Mustafa Sarı .... (+)
İstihkâm Astğm.Mk.Müh.Süha Hekimoğlu ..... (+)
İstihkâm Astğm.Mk.Müh.Ender Taşkın .... (-)
Levazım AStğm. Hüseyin Kendirci .... (-)
İstihkâm [illegible].Müh.Atgm. Abdulsevla Orhan ... (-)
Personel Asteğmen Osman Nuri Nemutlu ..... (-)

Ast. Sb.Genel Durumu :

66 adedi (-), 4 Adedi (.) dir.

Tğm. Tevfik [illegible]

BELGE: 4

Türkeş'in MHP Genel Merkezindeki odasında MİT görevlilerinin Türkeş'e verdikleri raporlar ele geçmiştir. Bu raporlardan birinde, Recep Ergun'un Faruk Gürler'in cumhurbaşkanlığı seçimi sırasında Süleyman Demirel'in telefonlarını dinleten MİT üst yöneticileri arasında yer aldığı ileri sürülmüş...

"Türk demokrasisini aldığı derin yaralardan kurtarma savaşınızda, ıstırap, sıkıntı ve üzüntü dolu dört yıllık bir devreyi, üstün bir gayret, azim ve cesaretle ve büyük bir maharetle geride bırakarak, belki de başarıya ulaşamadığı takdirde başında son defa **"Türkiye Cumhuriyeti Hükümeti"** adını taşıyacak milliyetçi bir hükümeti kurmaya muvaffak olan bir başbakanın, bu mücadelesini yakınen izlemek fırsat ve bahtiyarlığına erişen **naçiz bir MİT mensubu olarak,** bundan sonra vereceğiniz büyük mücadelede kendisine büyük vazifeler düşen Milli İstihbarat Teşkilatı'nın, basiretsiz ve yeteneksiz ellerde adeta millilik vasfı kaybettirilmiş hazin ve elem verici halini, acı fakat gerçekleri yansıtan bu raporumla zatıalinize duyurmayı bir borç bildim.

30 Temmuz 1971 tarihinde Teşkilat'tan uzaklaştırılan Korgeneral Fuat Doğu'nun yerini dört sene içerisinde atanan, teşkilat ve istihbarat bilgisi ve tecrübesinden yoksun üç müsteşar ile aynı paraleldeki general başkanların isabetsiz ve yeteneksiz sevki idareleri sonucu, teşkilat her müsteşar değiştirilişinde **gizli servis hüviyeti**ni yitire yitire nihayet bugünkü hazin durumuna getirilmiştir.

Teşkilatın bu hazin ve tarihi aşamasını aşağıdaki safhalarda özetlemek kabildir:

1. Temmuz/1971 yılında Müsteşarlığa getirilen Korg. Nurettin Ersin tarafından alınan bir kararla teşkilat, bir gizli istihbarat servisi fonksiyonunu bir tarafa bırakıp;

a) Adeta eşkıya takibine çıkan bir jandarma taburu gibi, başında müsteşarı olduğu halde, zamanın içişleri bakanının peşinden, mahalle aralarından dağ başlarına kadar uzanan bir sahada elde tüfek anarşist avına çıkarılmıştır. (Kızıldere olayları).

b) O tarihe kadar büyük bir titizlikle maskelenen teşkilata ait sorgulama tesisleri, personeli ile sıkıyönetim komutanlıkları emrine verilerek, bir mahalle polis karakolu ölçülerine bile sığmayacak fütursuz bir aleniyet içerisinde MİT adı altında beceriksizce sorgulamalar yaptırılmış ve dolayısıyla teşkilatın gerek basında ve gerekse halk efkarı üzerinde her türlü itibar ve güveninin sarsılmasına sebep olunmuştur.

2. Gene aynı devrede, Cumhurbaşkanlığı seçimleri sırasında parlamentoda cereyan eden demokratik parlamenter nizamın mevcudiyeti mücadelesinde, **Teşkilat mensupları, General Nurettin Ersin, Mah. Başkanı Tuğg. Rüştü Kazandağlı, İstihbarat Başkanı Tuğg. Recep Ergun ve Ankara Bölgesi Daire Başkanı P. Alb. Süleyman Yenilmez** tarafından, Faruk Gürler'in cumhurbaşkanı seçilmesini temin maksadıyla, parlamento kulislerinde senaryolar tertiplemeye ve parlamenterleri silahlı kuvvetlerin adı kullanılmak suretiyle tehditle Gürler lehinde oy temini için vazifelendirilmişlerdir.

3. Gene bu devrede zamanın Cumhurbaşkanı Cevdet Sunay'ı yanıltmak için hilafı hakikat MİT raporları düzenlenmiş, köşkün telefonları dinlenilmeye yeltenilmiş, Sayın Demirel'in ev telefonları ise devamlı surette dinlenilmiştir. (Sayın Sunay'a sorulabilir.)

Bu çirkin ve esef verici tertip ve faaliyetlere, Milli Emniyet Hizmetlerinin şerefli tarihinin hiç bir döneminde rastlamak mümkün değildir.

Bu devrede Teşkilat adeta silahlı kuvvetlerdeki cuntanın, tam bir istihbarat ve terör örgütü olarak kullanılmış, bu çirkin ve utanç verici davranışlara tahammül edemeyen yüksek tahsilli, milliyetçi ve bilgili yüzlerce MİT mensubu üzülerek Teşkilat'tan ayrılmak mecburiyetinde bırakılmışlardır.

4. General Nurettin Ersin ve yardımcılarının, malum şekilde teşkilattan uzaklaştırılmaları sonucu uzun bir süre müsteşarlığa vekalet ettirilen Tuğg. Bülent Türker ise:

a) Teşkilat ve istihbarat bilgisi noksanlığını, personele hakaret etmek, izzetinefisleri ile oynamak ve dolayısıyla sindirmek suretiyle örtme gayreti içine girmiştir.

b) Ortanın solu görüşüne yatkın, Ecevit sempatizanı, AP ve sağ partiler tandansı karşısında olan bu general, Milli Güvenlik Kurulu'na, Cumhurbaşkanına ve Silahlı Kuvvetler komutanlarına sunulan MİT raporlarında maksatlı olarak aşırı sağ ve milliyetçilik faaliyetlerini adeta aşırı solun tahribatından daha tehlikeli bir şekilde gösterme gayreti içine girmiş.

c) Aşırı milliyetçidir şeklinde fişletilmek suretiyle yüzlerce gencin ve öğretmenin burs almalarına, yurt dışına çıkmalarına, memuriyet almalarına mani olunmuştur.

d) Sayın Ecevit tarafından çok beğenilen ve takdir edilen General Türker, gene Sayın Ecevit'in emri ile Teşkilatta milliyetçi, sağcı ve AP sempatizanı olarak tesbit ettirdiği oldukça kabarık bir yekun tutan MİT personelini tasfiye hazırlığı sırasında, Müsteşarlığa merhum Amiral Özülker'in getirilmesiyle bu tasarrufu akim bırakılmıştır.

5. Merhum Amiral, insan olarak muhterem ve iyi bir kişi olmasına rağmen gene teşkilat konularına yabancılığı ve mesleki yetersizliği sebebiyle, General Türker'in ve Sayın Ecevit'in oyuncağı durumuna girmiş ve bunun neticesi;

a) Bölge daire başkanlıkları ve haber kaynaklarından gelen sol ve aşırı sağ faaliyetlerle ilgili raporları, Teşkilat'ta böyle dedikodulara yer vermeyin, bunlar hayali ve uydurma raporlardır, şeklinde dosyalara atılmasını ve itibar edilmemesini emretmiş,

b) Psikolojik savunma başkanlığı tarafından programlı bir şekilde sanayi müesseselerinde ve işçi teşekküllerinde tertiplenen aşırı sol ve yıkıcı faaliyetleri önleyici ve işçileri aydınlatıcı mahiyetteki konferansları, Sayın Ecevit'in emri ile hemen durdurmuş ve bu konferansları tertipleyiciler hakkında da sual açtırmaya kalkmış,

c) Psikolojik savunmanın başında bulunan Ali Kuralı'nın sağ tandanslı ve milliyetçi bir görüşe sahip olması karşısında, psikolojik savunma faaliyetlerine MİT içinde yer yoktur, bu başkanlık MİT bünyesinden çıkarılacaktır şeklinde bir görüşle, bu Başkanlığın komünizm ve aşırı uçlarla mücadelede zaten haddi asgariye indirilmiş birkaç kırıntı faaliyetine de nihayet verdirmiş,

d) Bu arada eski CHP Kastamonu milletvekili adayı olup yoklamayı kazanamayınca teşkilata giren Kemal Eker'i İdari İşler Başkanlığına getirmiş ve onun marifeti ile tahsilsiz, yeteneksiz fakat CHP sempatizanı olan bir kısım personeli layık olmadıkları halde şube müdürü ve daire başkan yardımcısı gibi kilit noktalarına getirmek, olmuştur.

6. Amiral Özülker'in ölümü ile bu sefer de Teşkilat'ın başına kırk senelik askerlik hayatı, her atacağı adımda kanun, talimat hükümleri aramak, mesuliyet ve sorumluluklardan

kaçmakla geçmiş, şahsında müstesna meziyet ve yetenekler vehmeden fakat bu meziyetleri genellikle iltifat görmemesi sebebiyle, bütün büyük icraat teşebbüsleri kumandanlarının engellemesiyle kursağında kalan emekli Orgeneral Hamza Gürgüç getirilmiştir.

Her şeyi herkesten iyi bildiğini ve herşeyin kendisinden başkası tarafından yanlış bilindiği ve uygulandığı vehmi içerisinde bulunan, kelimenin tam manasıyla renksiz ve herhangi bir heyecan ve hayatiyetten mahrum bulunan bu şahıs ise, beş aylık müsteşarlığı sırasında en önemli fonksiyonlarını zaten yitirmiş olan teşkilatı şu şekle sokmuştur:

a) Müsteşarlık merkez daireleri dahil bütün bölge daire başkanlıkları ve bölge müdürlükleri personeli, muhtelif mihrak ve vasatlarda cereyan eden olaylara hemen bütün kapı ve pencerelerini kapatarak adeta kış uykusuna yatırılmışlardır. Merkezlerin bütün faaliyeti, müsteşar tarafından yapılacak denetlemelere, eldeki mevcut eski kırıntı bilgilerle brifingler ve şemalar çizmek ve hazırlamakla meşguldürler.

Bu arada hâlâ aldıkları eski terbiye icabı, vazife aşkı ve şevki ile teşkilata hizmet arzetmek isteyen ajan ve mutemetlerimizin vaki müracaatlarına bile amirler, "Ne söyleyecekse telefonda söylesin veya yazsın da göndersin" şeklinde cevap vermekte ve memurlarını terslemektedirler.

b) Hemen hemen en küçüğünden en büyüğüne kadar bütün Teşkişlat mensupları bizzat Müsteşar tarafından "tabldot, kantin, iş ocakları talimatından başlayıp, adeta bahçede nasıl gezilir, merdivenden nasıl inilir, çiçek nasıl dikilir adlı talimat ve etüdlerin" hazırlanması ve müzakeresi ile vakit öldürmek-tedirler.

c) Gizli faaliyetlere, operasyonlara ve ajanlara sarfedilmesi gereken gizli ödeneğin sarfında, Muhasebei Umumiye Kanunu'nda bile bulunmayan öyle kayıt ve formaliteler konulmuştur ki, görevliler bu parayı operasyon ve ajan faaliyetleri için sarf etme yerine, operasyon tertiplememeyi ve ajan kullanmamayı daha uygun bulmaktadırlar.

Şimdi MİT, bir tasarruf sandığı gibi tasarruf ettiği bu onbeş milyon lirayı, Sayın Ecevit'in önerdiği, halk sektöründe yatırım sermayesi olarak kullanılmak üzere % 10 faizle Halk Bankası'nda muhafaza etmektedirler.

d) Yıkıcı faaliyetlerle mücadele için sarfedilmek üzere devlet tarafından verilen bu 15 milyon lira, Halk Bankası'nda işletilirken, Psikolojik Savunma Başkanlığı'nca hazırlanan antikomünist mahiyetteki makale ve broşürlerin bastırılması ve yayınlanması, dairesince Müsteşar'a teklif edildiğinde, bizzat Müsteşar'ın cevabı, **"Ben icra değilim. Bu makale ve yazıları başbakanlığa gönderin, Basın ve Yayın Genel Müdürlüğü marifetiyle neşrettirsinler"** şeklinde olmaktadır.

e) Gene bizzat Müsteşar Hamza Gürgüç'ün emirleri ile. artık MİT raporlarında **sol, aşırı sol, komünist** gibi ifadelerin kaldırılması ve kullanılmaması gayreti içine girilmiştir.

Bu deyimleri kullanan memurlara bizzat Müsteşar **"komünist ne demek, komünizm dünyada tahakkuk etmemiş, komünizm ütopyadır, hal böyle iken bir şahsa nasıl komünist dersiniz"** sualini sormaktadır.

Gene Müsteşar'ın, üzerinde ısrarla durduğu bir konu, kendisinin tarafsız olduğu, teşkilat mensuplarının, dolayısıyla teşkilatın da mutlaka tarafsız olması gerektiğidir.

Ancak burada tarafsızlık ölçülerinin sınırını vermemektedir. Devletin bekası ile ilgili milli güvenlik istihbaratını yapmakla görevli bir teşkilat, nasıl renksiz ve tarafsız olur?

Teşkilat ilk evvela, **devletin anayasal düzenini değiştirmeye veya yıkmaya yönelen veya devletin ülkesi ve milleti ile bölünmezliğine zarar verecek her türlü davranışın karşısında olacak ve ikinci olarak da meşru demokratik parlamenter düzen içerisinde iktidara gelen ve devleti temsil eden iktidarın yanında ve yasalar çerçevesinde hizmetinde olacaktır.**

g) Hemen her seviyedeki vasatlarda ve bilhassa silahlı kuvvetler ile cumhurbaşkanlığı nezdinde, Teşkilat görüşü olarak yaymak istediği bir fikir de; sağcı tabir olunan dindar vatandaşlar tarafından masumane emeller ile tertiplenen Kur'an kursları ile, solun ortaokul sıralarındaki öğrencilerden başlatıp çeşitli sınıf ve seviyelerde uyguladığı ideolojik eğitimi, aynı sevi-ye ve tehliklede imiş gibi gösterebilme gayreti içinde olmasıdır.

h) Bugün sokaktaki sade vatandaşın bile renklerini teşhis ve tefrik ettiği, sağ ve sol tandanslı basın hakkında dahi

Teşkilat'ta sol veya aşırı sol ifadesini kullandırtmamakta ve görevlileri, "bu tabirler yerine bir kısım basında intişar eden" deyimini kullandırmaya zorlamaktadır.

i) En önemli konulardan bir tanesi de, çok yakın bir gelecekte, işbirliği halinde bulunduğumuz yabancı servislerle olan münasebetlerimizin, Müsteşar'ın medeni münasebetler ölçülerine sığmayan çok garip bir tutumu sonucu kopmak üzere olmasıdır.

Bu servisler temsilcileri üzerinde, adeta kiracısına katını tahliye etmesini bildiren bir evsahibi edasıyla çekilen protesto mahiyetindeki memorandumların reaksiyonu, çok üzücü olmuştur.

SONUÇ :

7. Bu ölçüler ile hareket eden bir Müsteşar'ın yönetimi altında bulunan bir Milli İstihbarat Teşkilatı'nın, komünizmle mücadeleyi koalisyon protokolunda ve hükümet programında birinci planda ele alan milliyetçi partiler topluluğu hükümeti ile birlikte çalışmasına ve komünizm ile mücadelede bu iktidara ne ölçüde yardımcı olabileceğini takdirlerinize sunarım."

BELGE: 5

MHP Genel Merkezi'nde Türkeş'in odasındaki aramalarda ele geçenbu belgede MİT'teki görevliler hakkında bilgi verildikten sonra MİT'e şu kişilerin atanmaları istenmektedir:

1 - Alb. Cahit Vural:

Genel Kur. İsth. Bşk.da görevli.

M.A.H. Bşk. Yardımcısı veya Güvenlik Daire Başkanlığı'na atanması.

2 - Visali Günaydın:

P.S.B.'da görevli.

M.A.H.K. (Komünizm) Daire başkanlığına atanması.

3 - Top. Alb. Alaettin Tosun:

Genel Kur. İsth. Bşk.'da görevli.

Ankara Bölge Başkanlığı'na getirilmek üzere uygun bir göreve tayini.

4 - Fuat Birsay:

İstanbul Bölge Daire Bşk. Yrd.'dan emekli.

Kendisi ile görüşülmesinde yarar vardır. İstanbul Bölge Daire Başkanlığı'na veya uygun görülecek bir göreve atanması.

5- Jan. Yb. Hasan Cemil Erdem:

Nevşehir Jandarma Komando Tb. K. iken Kıbrıs'a gönderildi. Ankara'ya uygun görülecek bir göreve atanması.

6 - Metin Erdem:

P.S.B.'da görevli.

Ankara Blg. D. Bşk. G. Şb. Md. atanması.

Not: Diğer görevler için uygun aday kişiler bulup tezkiye edemediğimi üzüntü ile arzederim.

Aynı MİT görevlisinin "Mah. Kontr-komünizm dairesi başkanlığında dosyası bulunan CHP hükümeti üyeleri" başlığı ile MİT'te dosyaları bulunan CHP'li bakanların listesini Türkeş'e verdiği anlaşılmaktadır. Listede yer alan CHP hükumetinin bakanları şunlardır:

Bülent Ecevit, Mahmut Türkmenoğlu, Mustafa Üstündağ, Orhan Birgit, Hasan Esat Işık, Mustafa Ok, Deniz Baykal, Orhan Eyüpoğlu, M. Yılmaz Mete, Ferda Güley, Selahattin Cizrelioğlu, Turhan Güneş, Ali Topuz, Önder Sav, Cahit Karakaş, Cahit Kayra.

BELGE: 6

Türkeş'in avukatları: Şahap Homris (MİT eski hukuk müşaviri) ile Kaya Alpkartal (Soyer'in 12 Mart döneminde Nurculukla ilgili davada reddini istediği askeri yargıç), Askeri Savcı Nurettin Soyer hakkında Milli Savunma Bakanlığı'na "şikayet dilekçesi" vermişler. Bu başvuru üzerine bakanlık, yakınma konularını incelemiş ve söz konusu savlarla ilgili bir soruşturma açılmasına gerek görmemiş, "ihbar ve şikayetin işlemden kaldırılmasına" karar vermiştir.

GİZLİ
T.C.
MİLLİ SAVUNMA BAKANLIĞI
ANKARA

Ad. : 1980/5141-2 K/9 18.2.1981
Konu : Hv. Hak. Alb. Nurettin SOYER

4'ÜNCÜ KOLORDU VE ANKARA SIKIYÖNETİM
KOMUTANLIĞINA

İLGİ: (a) Av. Şehabettin HOMRİŞ, Av. Kaya ALPKARTAL ve Av. Mehmet EKE'nin 21.11.1980 tarihli dilekçesi.
(b) M.S.B.'nın 31.12.1980 gün ve AD:1980/5141-2 K/9 Soruşturma emri,
(c) M.S.B.'nın 27.1.1981 gün ve AD, TF:1981/ 47 sayılı yazısı ve eki soruşturma dosyası.

Alpaslan TÜRKEŞ ve 36 arkadaşının vekilleri Avukat Şahabettin HOMRİŞ, Avukat Kaya ALPKARTAL ve Avuakat Mehmet EKE'nin MİLLİ GÜVENLİK KONSEYİ BAŞKANLIĞI'na, Genelkurmay Başkanlığı'na ve Milli Savunma Bakanlığı'na verdikleri 4'üncü Kolordu ve ANKARA Sıkıyönetim Komutanlığı As. Savcısı Hv. Hak. Alb. Nurettin SOYER ile ilgili 21.11.1980 tarihli dilekçe ile bu dilekçeye askeri adalet müfettişlerinden Dz. Hak. Kd. Alb. Cemal ALGAN tarafından mahallinde yapılan soruşturma sonucu tanzim edilip ilgi (c) yazıya ekli olarak gönderilen 26.1.1981 gün ve AD. TF:1981/1 sayılı kanaat raporuna bağlı soruşturma evrakı birlikte incelendi.

ALPASLAN TÜRKEŞ ve 36 arkadaşının vekilleri tarafından tanzim edilen 21.11.1980 tarihli dilekçede:

a- ANKARA Sıkıyönetim Komutanlığı Askeri Savcılığı'nca sözlü ve yazılı müracaatlarına rağmen aramalarla ilgili tutanakların kendilerine verilmediği,

b- Arama tutanaklarında bulunan bilgilerin savcılıkça T.R.T. ve basına intikal ettirilerek hazırlık soruşturmasının gizliliğinin ihlal edildiği, c- M.H.P Genel Merkezi'nde yapılan aramalarda parti genel sekreterinin veya bir parti yetkilisinin hazır bulundurulmadığı, aramaların Hv. Hak. Alb. Nurettin SOYER tarafından bu suretle yapılarak M.H.P ve yöneticileri hakkında belli bir maksat güdüldüğü,

d. Agah Oktay Güner'in sorgulanması sırasında adı geçen savcının hiddetle bağırarak "Bu askeri idare yani biz, 15 sene başınızdayız. Sizi bitirmeye kararlıyız, eriteceğiz. Bu sebeple bütün suçlarınızı itiraf ediniz ki, cezalarınız biraz olsun hafiflesin" demek suretiyle gerçek niyetini açığa vurduğu,

e) Askeri savcıların M.H.P ile ilgili sanıklar hakkında iddianame düzenlenmesi çalışmaları sırasında yardımcı savcıların "müçtemi suç yoktur, sanıkların teker teker işledikleri suçlardan yargılanmaları gerekir" diye bildirmiş olmaları üzerine Hak. Alb. Nurettin SOYER'in "Hayır bütün sanıklar toplu olarak ve topluca suçlanmak suretiyle yargılanacaklardır" dediği, bu suretle peşin hükme müstenid kanaatler taşıdığı,

f- Askeri savcının bu tutum ve davranışları ile memuriyet görevini kötüye kullandığı iddia ve şikayet edilmiştir.

Hv. Hak. Alb. Nurettin SOYER, Hak. Ön Yzb. Fahrettin DEMİRAĞ, Dz. Hak. Ütğm. Nihat DEMİREL, Hv. Hak. Kd. Bnb. Erkan BAŞEREN, Hak. Ön Yzb. Okan YALÇINKAYA, C. Sav. Yrd.cısı Abdülkadir Abacı, Hv. Prs. Kd. Başçavuş Kenan Coşkun, svl. memur Halil KURT ve müşteki Agah Oktay GÜNER'in ifadelerine müracaat edilmek (soruşturma dosyası 24, 25, 26, 27, 28, 29, 30, 31, 32) M.H.P ile ilgili olup Sıkıyönetim As. Savcılığı'nda mevcut 1980/7040 Esas sayılı dava dosyasındaki zabıtlar (soruşturma dosyası 33, 34) ve T.R.T ile bazı basında yer alan haberlerin kim tarafından aksettirildiğinin araştırılması ile ilgili olarak ANKARA Synt. K.lığı ile yapılan yazışma evrakını incelemek (soruşturma dosyası 35, 36) suretiyle **Askeri Adalet Müfettişi Dz. Hak. Kd. Alb. Cemal ALGAN tarafından tanzim edilen kanaat raporuna göre;**

T.İ.K.P ve M.H.P genel merkezlerinde yapılan aramalara ve tutuklamalara ilişkin 12.11.1980 tarihinde radyonun 19.00 ve TV'nin 20.30 haber bültenlerinde ve ayrıca 13.11.1980 tarihinde bir kısım basında yer alan haberlerin,

zaman zaman kamuoyunda ve bir kısım basında çıkan yanlış haberlerin önüne geçilmesinin ve başlangıçtan beri ANKARA Sıkıyönetim K.lığı Askeri Savcılığı'nca yürütülen bazı soruşturmalar hakkında kamuoyunun aydınlatılmasının bir ihtiyaç olarak kendini hissettirmesi üzerine, savcılık ölçüleri dahilinde bir açıklama yapılmasının sıkıyönetim komutanlığınca uygun görüldüğü, bu suretle 12.11.1980 tarihinde Sıkıyönetim Savcısı Hv. Hak. Alb. Nurettin SOYER tarafından askeri savcılık çalışma binasında M.H.P ve yan örgütleri ile T.İ.K.P. dosyasındaki olaylar ve bulunan silahlar vs. malzeme hakkında bir açıklama yapıldığı,

Bu açıklama esnasında Sikiyönetim Komutanliği Basin Ve Halkla İlişkiler Şube Müdürlüğü'nün emri ile aynı Şube'de görevli Prs.Yzb. İbrahim AKPINAR'ın da hazır bulunduğu,

Açıklamanın konusu ve muhtevası hakkında Basın Ve Halkla İlişkiler Şubesi'nin isteği üzerine düzenlenen bir metnin adı geçen şubeye verilerek komutanlığa arzedildiği ve bir nüshasının da ilgili şubelere dağıtıldığı,

Bu suretle T.R.T.'de ve basında yer alan haberlerin sıkıyönetim komutanlığının bilgi ve müsaadesi altında yayınlandığı,

Hazırlık soruşturmasının gizli yürütüleceği Askeri Yargıla-ma Usulü Kanunu ve C.M.U.K.'nun amir hükümlerinden olduğu, bu sebeple soruşturmayı yürüten askeri savcı yardımcılarının soruşturmanın amacına halel gelmeyecek ahvalde evrak ve belgelerin incelenmesi için müdafiilere izin verebilecekleri, aksi halde böyle bir izni vermelerinin söz konusu olmadığı, bu olayda da soruşturmayı yürüten savcıların tutanak suretlerini müdafiilere vermelerinde sakınca gördükleri, esasen takdirin savcılara ait olduğu, kaldı ki şikayet edilen Hv.Hak. Alb. Nurettin SOYER'in M.H.P. merkezinde ve yan kuruluşlarında yapılan aramalara iştirak etmediği, aramaların yardımcı askeri savcılar, emniyet mensupları ve bir kısım askeri tim tarafından yapıldığı,

Aramalar esnasında anahtarların kapıcılardan istendiği, temin edilemeyince anahtarların bulunduğu şahısların davet edildiği, bunların gelmediği görülünce kapı ve kasaların çilingir marifeti ile açılmak zorunda kalındığı ve tutulan zabıtların kapıcılara ve orada hazır bulunanlara imzalatıldığı, şartlara göre bu işlemlerin tabii bulunduğu,

M.H.P. mensubu Agâh Oktay GÜNER'in, sorgulanması sırasında Hv. Hak. Alb. Nurettin Soyer tarafından birtakım sözlere muhatap olduğu hususunda herhangi bir delile rastlanmadığı,

Savcıların isnad edilen suç konusu ile ilgili tartışma ve konuşmaları sırasında da şikayet edilen tarzda konuşmaların olmadığı,

Sonuç olarak ANKARA Sıkıyönetim As. Savcısı Hv. Hak. Alb. Nurettin Soyer ve yardımcıları tarafından yürütülen T.İ.K.P. ve M.H.P. ile yan örgütleri mensuplarının soruşturmalarında usul hükümlerine riayet edildiği, suç teşkil edebilecek tutum ve davranışa rastlanmadığı belirtilmiştir.

Bu hale göre;

M.H.P. lideri Alpaslan TÜRKEŞ ve 36 arkadaşının vekilleri tarafından verilen 21.11.1980 tarihli dilekçede, ANKARA Synt. As. Savcısı Nuretin SOYER ile ilgili iddia ve şikayetlerin tümü ile varit olmadığı, M.H.P. hakkında T.R.T. ve basında çıkan haberlerin ANKARA Sıkıyönetim Komutanlığı'nın müsaadesi ile yayınlandığı, aramalar sırasında tanzim edilen zabıtların müdafiilere verilip verilmeyeceği hususunda soruşturmayı yürüten savcıların takdir yetkileri bulunduğu, aramaların şikayet edilen savcı tarafından değil, diğer savcı yardımcıları ve emniyet mensupları tarafından usulüne uygun bir tarzda yapıldığı, adı geçen savcının dilekçede bahsedildiği şekilde konuşmalar yaptığına dair bir delil elde edilemediği anlaşılmış olmakla Hv. Hak. Alb. Nurettin SOYER hakkında soruşturma yapılmasına lüzum görülmediğinden, 357 sayılı Kanunun 25'inci maddesi gereğince ihbar ve şikayet konusu evrakın işlemden kaldırılmasına karar verilmiştir.

Bilgilerini ve sonucunun ilgiliye duyurulmasını rica ederim.

Ü. Halûk BAYÜLKEN
Milli Savunma Bakanı

DAĞITIM:

Gereği :

4. Kor. ve ANKARA Synt. K.

Av. Şehabettin HOMRİŞ

Av. Kaya ALPKARTAL

Av. Mehmet EKE

Bilgi :

M.S.B. As. Ad. Tf. Krl. Krl. Bşk.

BELGE: 7

KİŞİYE ÖZEL

T.C.
MİLLİ SAVUNMA BAKANLIĞI
ANKARA

Ad. : 1985/1093-2 K/9

Konu : Hv. Hak. Alb. Nurettin SOYER

23.7.1985

HAVA EĞİTİM KOMUTANLIĞINA

İlgi : (a) Hv. K.K.lığının 11.3.1985 gün ve AD. MÜŞ.: 85-265 sayılı yazıları,

(b) Em. Gn. Nuri ASLANTAŞ, Em. Gn. Süleyman TUNCEL ve Av. Ahmet ÇELİK'in 4.3.1985 günlü müşterek dilekçeleri,

(c) M.S.B.lığının 26.3.1985 gün ve AD.: 1985/1093-2 K/9 sayılı yazıları,

(d) Hv. Eğt. K.lığının 2.4.1985 gün ve PER. 5010-171-85/Şb. İşl. sayılı yazıları,

(e) M.S.B.lığının 6.5.1985 gün ve 1985/1093-2 K/9 sayılı yazıları

(f) M.S.B.lığının 13.6.1985 gün ve TF: 1985/264 S.A. sayılı yazıları ve soruşturma raporu.

1. İzmir Hava Eğitimi Komutanlığı Askeri Mahkemesi'nde görevli, Hv. Hak. Alb. Nurettin SOYER'in;

a. İzmir'de bulunan, Otel Paşa işletmesinin 1983 yılında kiraya verilmesi sırasında, kiralayanlardan; mukaveleyi kendi istekleri doğrultusunda hazırlatacağı vaadi ile 4 milyon nakit, 2 milyon vadeli senet karşılığı olmak üzere toplam 5 milyon lira para aldığı,

b. Halen aynı şirketin hisselerini ele geçirmek için ortaklar arasında moral kırıcı yollara başvurduğu ve şahsi mal varlığı ve serveti ile uygun olduğu kabul edilemeyecek ölçüde yüz milyonlarca Türk lirasını nakden ödediği, bu devir işlemlerinin önemlilerinde bizzat kendisi bulunduğu, tali olanlarda ise ailesi ve yakınlarını kullandığı, şimdiye kadar ödediği nakit paranın 140 ila 160 milyon lira civarında bulunduğu, ödenen paraların az bir kısmının da kendisine ait olduğunun yaygın söylenti halinde bulunduğu, bu hususun da teyidi için ortaklara ait hisse senetlerinden bir kısmının eşi bayan Soyer ve oğlu Soyer adına 40 milyon Türk lirasından fazla ödemek ve pay defterine geçirmek suretiyle devraldığı:

İlgi (a) yazı ekinde gelen ilgi (b) dilekçedeki beyanlarla iddia edilmiş, keyfiyet tahkike değer görülerek öncelikle 9.8.-1983 gün ve 2871 sayılı "Kamu Görevlileri ile İlgili Mal Bildirimi Kanunu"nun 9'uncu maddesi uyarınca, Hak. Alb. Nurettin SOYER'in mal beyanında bulunması istenmiş, mal beyanı Hv. Eğt. K.lığının ilgi (d) yazıları ekinde Bakanlığımıza gönderilmiştir.

Mal bildirimi üzerine keyfiyetin esas yönünden tetkiki gerekmiş ve Askeri Hakimler Kanunu'nun 23'üncü maddesi gereğince ilgi (c) ile M.S.B. Askeri Adalet Teftiş Kurulu Başkanlığı'nda görevli Müfettiş Hakim albay Selçuk AKIN görevlendirilmiştir.

Askeri Adalet Müfettişi tarafından yapılan soruşturma neticesi düzenlenen ilgi (f) rapor tetkik edilmiş olup; raporun "delillerin değerlendirilmesi" bölümünde:

"1. Hv. Hak. Kd. Alb. Nurettin SOYER'e 6 milyon TL. verildiği yolundaki iddia:

Alb. Soyer hakkında ihbarda bulunan Em. General Süleyman TUNCER, Em. General ASLANTAŞ ve Em. Hv. Alb. Ahmet ÇELİK ile PAŞA Motel'in halen müsteciri durumunda bulunan Tuğrul KOPARAN ile Osman KIYAT, Alb. Nurettin SOYER'e 6 milyon lira verildiği yolunda beyanda bulunmuşlardır. Bu kişilerden, Tuğrul KOPARAN, parayı Osman KIYAT ile ortakları Şeref KINCIOĞLU'nun Alb. Soyer'e verdiğini ancak para verilirken kendisinin onların yanında olmadığını ifade etmiştir. Osman KIYAT paranın verildiğini iddia ettiği halde, para verildiği sırada orada olduğu ifade edilen Şeref KINCIOĞLU bu iddianın bütünü ile gerçek dışı olduğunu, ne kendisinin ne de ortaklarının Alb. Soyer'e para vermediklerini ifade etmiştir. Muhbir Em. Hak. Alb. Ahmet ÇELİK, Alb. Nurettin SOYER'in otel müstecirlerinden para aldığını kendisine itiraf ettiğini iddia etmektedir. Diğer muhbir kişilerin beyanları Ahmet ÇELİK ile Osman KIYAT ve Tuğrul KOPARAN'ın beyanlarına istinat etmektedir. Alb. Soyer'e para verildiği iddiası PAŞA Motel'in eski müsteciri Nedim ÇAPMAN'ın Em. General Nuri ASLANTAŞ'a 'yönetim kurulu üyeleri yeni kiracılardan para yiyormuş' dediği yolundaki iddia ile başlatılmıştır. Oysa ki Nedim ÇAPMAN ifadesinde bu iddianın tamamen uydurma olduğunu, kendisinin böyle bir şey söylemediğini, Em. General Nuri ASLANTAŞ'ın otele kiracı olduğunu, 1972 yılından bu yana kendisi ile uğraştığını ifade etmiştir. Üç ortak olan otel müstecirlerinden Tuğrul KOPARAN'ın iddiasının görgüye dayanmaması, Şeref KINCIOĞLU'nun bu iddianın tamamen uydurma olduğu yolundaki iddiası karşısında Osman KIYAT'ın Alb. Soyer'e 4 milyon nakit 2 milyon senet olmak üzere 6 milyon verildiği yolundaki iddiası ile Ahmet ÇELİK'in Alb. Soyer'in kendisine itirafta bulunduğu yolundaki iddiaları dayanaksız kalmaktadır.

Alb. Soyer'e verilmek üzere Osman KIYAT ile Tuğrul KOPARAN tarafından borçlu olarak düzenlenerek ortakları Şeref KINCIOĞLU'na verildiği iddia edilen senetlerin Alb. Soyer'e verilmediği, Şeref KINCIOĞLU ve Dz. Hak. Alb. Gürsel AKBATUR'un ifadeleri ile açığa çıkmıştır. Adı geçen kişilerce tanzim edilen senetlerin kendi ortaklarına, ortaklarının alacağı karşılığında verildiği ve Şeref KINCIOĞLU'nun da 500.000 TL.lık senedi aldığı, para karşılığı Dz. Hak. Alb. Gürsel AKBATUR'a verdiği kesinlik kazanmıştır. Bu durum karşısında iddianın diğer bölümlerinin de samimi olmadığı düşüncesi ağırlık kazanmaktadır. Alb. Nurettin SOYER 6000 hisseli Cennet Turizm Sanayi A.Ş.'nin 30 hisseli bir üyesidir. Son kiracıların sözleşmeye lehlerine hüküm koydurmak için para vereceklerse Alb. Soyer'e değil yönetim kuruluna para vermeleri akla daha yakın gelmektedir. Bütün bu olaylar cereyan ederken Em. General Nuri ASLANTAŞ şirket murakıbı, Ahmet ÇELİK ise yönetim kurulu üyesidir. Kira konusunda yönetim kurulunun aldığı kararlar oybirliğiyle alınmış olup hepsinde de Ahmet ÇELİK'in imzası bulunmaktadır. Yeni Yönetim Kurulu otel kirasının 7 milyon liradan 25 milyon liraya çıkarılması için karar alarak kiracılara tebliğ etmiştir. Yönetim kurulunda Alb. Soyer'in oğlu Tunç SOYER de bulunmaktadır. Yönetim kurulunun hak-larında aldığı bu kararı Alb. Soyer'e bağlayan kiracıların ona muğber olacakları ve bu iftarada bulunacakları akla uygun düşmektedir. Em. General Süleyman TUNCER, Em. General Nuri ASLANTAŞ ve Em. Alb. Ahmet ÇELİK'in ise şirket hisselerinini kendileri aracılığıyla satılmasını arzuladıkları ve bu yolda girişimde bulundukları dosya ekinde bulunan ve Alb. Soyer tarafından ibraz edilen belgelerden anlaşılmaktadır. Bunu başaramadıkları için de Hak. Alb. Nurettin SOYER'e karşı hasmane bir tavır içine girdikleri mantıklı bir sonuç olmaktadır. Ayrıca dinlenen tanıklardan Ahmet Ragıp TOSUN, Şeref KINCIOĞLU, Mahmut KAVİŞ, Hikmet ŞENER, Gürsel AKBATUR, ifadeleriyle bu düşünceyi doğrulamışlardır.

2. Cennet Turizm Sanayi A.Ş.'nin hisse senetlerinin Alb. Soyer ve ailesince büyük miktarlarda toplandığı iddiası:

Cennet Turizm Sanayi A.Ş.'nin pay defterinin son durumunun fotokopisi (EK-) olarak ilişikte sunulmuştur. Buna göre Alb. Soyer'in 20 hissesi bulunmaktadır. Öncesinde de kendi adına hisse alıp satmamıştır. Hisse senetlerinin Alb. Soyer'in avukat olan oğlu Tunç SOYER tarafından Brifing Turizm A.Ş. yönetim kurulu başkanı ve Sultan Motel müsteciri Çınar NALBANTOĞLU adına toplandığı, bu işin spekülasyonları önlemek için yapıldığı, hisseleri dağıtmak için de annesi Güneş SOYER adına da 236 hisse alındığı, ancak bu hisselerin asıl sahibi olan Çınar NALBANTOĞLU'na devredildiği Onur SOYER'in ifadesi sırasında verdiği belgeler ile ispatlanmıştır. Onur SOYER sözleşmelere göre % 51 hisseyi sağladığı takdirde Çınar NALBANTOĞLU'ndan 600 hisse alacaktır. Babasının velayeti altında olmayan ve reşit olan Tunç SOYER ile Onur SOYER'in bu kabil ticari faaliyetlerinin babalarını ilzam etmeyeceği açıktır.

Dinlenen tanıklardan Dr. Şemsettin YAŞATAN, hisse senetlerini Alb. SOYER'e sattığını ve parayı da (9,5 milyon TL.) Alb. Soyer'den aldığını iddia ediyorsa da hisselerini Orhan ŞENER adındaki bir şahsa sattığı şirket kayıtlarından anlaşıldığına göre adı geçen kişinin iddiası dayanaksız kalmaktadır. Bu kişinin hisselerinin 1.5 milyon TL. ucuza satılmasına Alb. Soyer'in sebep olduğu yolundaki beyanı da Alb. Soyer'e duyduğu iğbirarı açıklamaktadır.

3. 2871 sayılı yasaya göre yapılan incelemede:

Hakim Alb. Nurettin SOYER'in 1981 yılında verdiği mal beyanı ile 4 Nisan 1985 tarihinde verdiği mal beyanları incelendiğinde, 2871 sayılı yasanın 3'üncü maddesinde ifade edilen "haksız mal edinmenin söz konusu olmadığı, gerçeğe aykırı bildirimde bulunmadığı ve mal gizlemediği kanaatine varılmıştır" denilmektedir.

Raporun "Sonuç" kısmında ise; Hv. Hakim Alb. Nurettin SOYER'in hakimlik sıfat ve gereklerine uymayan bir hali ve eylemi bulunmadığı, 2871 sayılı yasaya göre yapılan incelemede suç sayılacak bir eyleminin tesbit edilemediği, hakkında vaki ihbarın bir menfaat çekişmesinden kaynaklandığı, bu nedenlerle Hv. Hakim Alb. Nurettin SOYER hakkında soruşturma izni verilmesine gerek bulunmadığı" ifade edilmiştir.

Askeri adalet müfettişinin kanaati, dosyada mevcut tüm delillerle birlikte değerlendirilmiştir.

1. Cennet Turizm Sanayi Anonim Ortaklığı'na ait Paşa Moteli'nin Tuğrul KOPARAN, Şeref KINCIOĞLU ve Osman KIYAT'ın oluşturdukları ÇAĞDAŞ Kollektif Şirketi'ne 1983 yılında kiralanması karşılığında Hakim Alb. Nurettin SOYER'e dört milyonu nakit, iki milyonu senetle olmak üzere altı milyon lira rüşvet verildiği iddiası hakkında:

a. Tuğrul KOPARAN ve Osman KIYAT'ın ifade ve beyanlarındaki çelişkiler,

b. İddianın Nedim ÇAPMAN'ın nakletmesinden kaynaklandığı iddia edilmesine rağmen Nedim ÇAPMAN'ın şirket tarafından aleyhine dava açılmasına neden olanlardan birisi de

Nurettin SOYER'dir beyanı ile iğbirarını belirttikten sonra Em. General Nuri ASLANTAŞ'a veya bir başkasına Motel Paşa'nın kiraya verilmesi sırasında rüşvet alındı şeklindeki kesin ifadesi,

c. Kiralama konusunda şirket yönetim kurulunun çeşitli toplantılarında müzakere edildiğini, Hakim Alb. Nurettin SOYER'in yönetim kurulu üyesi veya denetçisi dahi olmadığını, bir bakıma yönetim kurulunun genel kurul doğrultusunda hazırladığı, onarımın kiracı tarafından yapılması şartını karşılayan başkaca isteklilerin de bulunmadığını belgeleyen yönetim kururlu karar örnekleri,

d. Hakim Alb. Nurettin SOYER'in şirketin sadece hissedarı olduğu, yönetim kurulu üyesi olmadığı, kiralama işlevinde herhangi bir suretle yetkili ve görevli olmadığı, bu nedenle eyleminin emniyeti suistimal veya rüşvet almak suçunun kanuni unsurlarını oluşturmayacağı,

2. Şirket hisse senetlerinin Hakim Alb. Nurettin SOYER tarafından çocukları ve eşi adına satın alındığı iddiasına karşılık, sözü edilen satın alma işlemi, Brifing Şirketi adına Çınar NALBANTOĞLU'nca gerçekleştirilmiştir. Mali finasmanı bu şirketçe karşılanmıştır. Hakim Alb. Nurettin SOYER'in reşit olan çocukları Tunç SOYER ve Onur SOYER ile sözü edilen şirket arasında akdedilen 20 Kasım 1984 tarihli sözleşmeye göre spekülatif hareketler ve hisse senetleri fiyatlarının artmaması için % 51 çoğunluk sağlanıncaya kadar şirket adı verilmeden hisse senetleri SOYER kardeşlerin şahsi kefaletleri altında aile fertleri adına alınabilecek veya üçüncü şahıslar uhdesinde muhafaza edilebilecektir. Sözleşme şartları gerçekleşinceye kadar ilgililer şirketin personeli olarak asgari ücretle çalışacaklar, % 51 hisse ele geçirildiğinde 600 adet hisse senedi eşit miktarda Tunç SOYER ve Onur SOYER'e ait olacaktır. Bu açıdan da bir bölüm hisse senetleri Hakim Alb. Nurettin SOYER'in çocukları ve eşi üzerinde görülmektedir. Bu hususlar ilgililerin ifadelerinden, şirket kayıtlarından ve dosyada mevcut noter tasdikli Brifing Turizm Şirketi'nin karar defterleri, ilgili bölümleri ve sözleşme örneklerinden anlaşılmaktadır.

Bu haliyle Hakim Alb. Nurettin SOYER'in çocukları ve eşi adına, karşılığı milyonlara varan hisse senedi satın aldığı iddiası da sukut bulmamıştır.

Bu nedenlerle Hakim Alb. Nurettin SOYER hakkında hazırlık soruşturması yapılması için izin verilmesine gerek bulunmadığına 357 sayılı Hakimler Kanunu'nun 25'inci maddesi uyarınca karar verilmiştir.

3. Yapılan ihbar dilekçesinde, ilgilinin sosyal yaşantısı bakımından geliriyle uygun olduğu kabul edilemeyecek ölçüde harcamalar yaparak şirkete ait hisse senetlerini topladığı ihbar edilmiş olduğundan 9.8.1983 tarih ve 2871 sayılı kamu görevlileri ile ilgili Mal Bildirimi Kanunu'nun 9'uncu maddesi uyarınca ilgiliden mal bildiriminde bulunması istenilmiş ve müfettiş tarafından gerekli inceleme ve soruşturmaya başlanılmıştır.

a. Yukarıda da belirtildiği gibi şirket hisse senetlerinin satın alınması işlemleri Brifing Turizm A.O. tarafından finanse edilmiş, ilgilinin velayeti altında bulunmayan çocukları tarafından gerçekleştirilmiştir. İddia kanıtlanmamıştır.

b. Beyana davet üzerine süresi içerisinde verdiği 4 Nisan 1983 tarihli beyannamesinde belirttiği mal varlığının, sosyal yaşantısı ve gelirleriyle orantılı olduğu ve kaynaklarıyla açıklanmış olduğu, önceki yıllar beyannamesiyle de tutarlı olduğu anlaşılmıştır.

Müfettiş raporunda da haksız mal edinmenin söz konusu olmadığı belirtilmiştir.

Bu nedenle sözü edilen kanunun 12'nci maddesi uyarınca bu iddia hakkında da kovuşturmaya gerek olmadığına karar verilmiştir.

4. Yapılan müfettiş soruşturması sırasında ifadesine başvurulan kişilerin beyanlarından, iddia ve savunmaya ilişkin belgelerin değerlendirilmesinden anlaşılan diğer bir husus, yıllar önce kurulan Cennet Turizm Sanayi A.O.'nın mal varlığının zaman içerisinde değer kazandığı, ancak ortaklarına umulduğu kadar kâr payı dağıtmadığı için bir bölüm üyenin pay senetlerini elden çıkarmak istedikleri, diğer bir bölüm üyelerin, özellikle yöneticilerin ise buna karşı olduklarıdır. Bu nedenle şirket hissedarları arasında zaman içerisinde yarar çatışmaları ve çekişmeleri süregelmiştir.

Kamu görevlilerinin ve Türk Silahlı Kuvvetleri mensuplarının Türk Ticaret Kanunu'na göre tacir veya esnaf sayılmalarını gerektirecek bir faaliyette bulunmaları, ticaret ve sanayi müesseselerinde görev almaları, ticaret yapmaları ve yaptırmaları yasalarla yasaklanmış ise de anonim ortaklıklarda pay sahibi olmaları yasaklanmamıştır.

Hak. Alb. Nurettin SOYER sözü edilen anonim ortaklığın 30 pay ile ortağıdır. Faaliyet ve ortaklık işlemleriyle ilgisi bir ölçü içerisinde kalmak durumundadır. Ancak bir bölümüyle kendi ifadesinden, bir bölümüyle ilgililerin beyanlarından, ortaklık işlemleriyle bu ölçüler ve genel kurul toplantıları dışında da ilgilendiği, bir yakınının Paşa Motel kiracılarına faizle borç para vermesine aracılık ettiği anlaşılmaktadır. Bu davranışları resmi sıfatının gerektirdiği saygınlık ve güven duygusunu sarsacak nitelikte değerlendirilmiş, askeri Hakimler Kanunu'nun 29/B-1'-inci maddesi uyarınca **kınama cezası ile cezalandırılmıştır.**

Bilgi edinilmesini, kararın hakim subaya tebliğini ve şahsi dosyasına konulmasını rica ederim.

Zeki YAVUZTÜRK
Milli Savunma Bakanı

DAĞITIM:
Gereği :
Hava Kuvvetleri K.lığına
Hava Eğt. K.lığına

AD DİZİNİ

A

B

C-Ç

P

S - Ş

T

U - Ü

V - Y